Confidentialité Numérique et Lois sur la Cybersécurité dans le Monde Entier

Comprendre Vos Droits, les Réglementations sur les Données (comme le RGPD) et Comment Rester Conforme au-delà des Frontières

Par Joe Correa

Publié par Live Stronger Faster

Ce livre est destiné à des fins éducatives et informatives uniquement. L'auteur et l'éditeur ne fournissent pas de conseils juridiques, financiers ou autres conseils professionnels. Les lecteurs doivent consulter un professionnel qualifié avant de prendre toute décision financière ou juridique.

Première édition

Table des Matières

Introduction

À une époque où l'information circule à travers le monde à la vitesse de la lumière, la notion de vie privée a évolué d'un concept que l'on considérait autrefois comme acquis vers quelque chose que nous devons désormais protéger activement. Il y a seulement deux décennies, la plupart des informations personnelles étaient conservées dans des classeurs physiques, accessibles uniquement aux personnes présentes sur place. Aujourd'hui, vos dossiers financiers, votre historique de navigation, vos fichiers médicaux, vos habitudes d'achat et même vos conversations privées peuvent être consultés, stockés et analysés en quelques millisecondes — souvent par des organisations dont vous n'avez jamais entendu parler. Face à cette transformation, les cadres juridiques régissant notre confidentialité numérique ont dû évoluer rapidement, tentant de suivre le rythme effréné de l'innovation technologique. C'est précisément ce qui rend le sujet de la confidentialité numérique et des lois sur la cybersécurité si important.

La réalité est que chaque clic, chaque pression sur un écran et chaque balayage laissent une empreinte numérique. Parfois, cette empreinte est créée volontairement, comme lorsque vous publiez une photo, effectuez un achat en ligne ou vous inscrivez à une newsletter. D'autres fois, elle est totalement invisible, collectée silencieusement en arrière-plan grâce aux pixels de suivi, aux cookies et à l'empreinte numérique des appareils. Ces données ont une immense valeur, non seulement pour les annonceurs et les entreprises technologiques, mais aussi pour les gouvernements, les pirates informatiques et les cybercriminels. Plus elles deviennent précieuses, plus il devient essentiel de réglementer qui peut les collecter, les stocker et les utiliser, ainsi que de tenir les organisations responsables lorsqu'elles ne parviennent pas à les protéger.

Les lois sur la confidentialité numérique représentent la tentative mondiale d'encadrer cette économie invisible des données personnelles. Ces lois varient considérablement selon les pays et les juridictions. Dans l'Union européenne, le Règlement Général sur la Protection des Données (RGPD) a établi l'une des normes les plus élevées au monde en matière de protection de la vie privée, accordant aux individus le droit d'accéder à leurs données personnelles, de les corriger, de les supprimer et de s'opposer à certaines utilisations de celles-ci. En Californie, le California Consumer Privacy Act (CCPA) offre des protections similaires, avec des exigences strictes en matière de transparence et le droit de refuser la vente de ses informations personnelles. La LGPD du Brésil, la LPRPDE (PIPEDA) du Canada et d'innombrables autres cadres réglementaires à travers le monde créent un ensemble complexe de règles que les entreprises et les particuliers doivent comprendre s'ils souhaitent exercer leurs activités en ligne sans risque juridique.

Cependant, ces lois ne concernent pas uniquement les grandes entreprises. Elles touchent également les petites entreprises, les travailleurs indépendants, les créateurs de contenu, les développeurs d'applications et même les organisations à but non lucratif. Si vous collectez l'adresse e-mail d'un client situé en Europe, le RGPD peut s'appliquer à vous, même si votre entreprise est basée aux États-Unis ou en Asie. Si vous vendez des produits à des résidents californiens, vous devez respecter les exigences de divulgation prévues par le CCPA. Comprendre les lois sur la cybersécurité et la confidentialité n'est donc pas réservé aux professionnels du droit ; c'est une compétence essentielle pour toute personne disposant d'une présence en ligne, qu'il s'agisse d'un site web, d'une chaîne YouTube, d'une boutique en ligne ou d'une entreprise technologique internationale.

La complexité apparaît lorsque les entreprises opèrent au-delà des frontières. Les données sont souvent stockées sur des serveurs cloud pouvant être situés n'importe où dans le monde. Un site de commerce électronique basé à Singapour peut utiliser un processeur de paiement aux États-Unis, un hébergeur cloud en Allemagne et un fournisseur d'e-mail marketing en Australie, chaque localisation introduisant son propre ensemble de lois sur la confidentialité. Cette réalité transfrontalière crée des défis de conformité, mais elle offre également aux entreprises la possibilité de choisir des fournisseurs respectueux de la vie privée et de renforcer la confiance de leurs clients en allant au-delà des exigences légales minimales. Les organisations qui accordent la priorité à la confidentialité bénéficient souvent d'un avantage concurrentiel, car les consommateurs choisissent de plus en plus de travailler avec des entreprises qui respectent et protègent leurs informations personnelles.

Dans ce livre, nous allons démystifier le réseau complexe des lois sur la confidentialité numérique grâce à des explications claires et pratiques. Vous découvrirez les principes fondamentaux qui sous-tendent des réglementations majeures telles que le RGPD, le CCPA, la LGPD et la LPRPDE (PIPEDA). Nous explorerons la manière de rédiger des politiques de confidentialité qui vous protègent réellement sur le plan juridique au lieu de simples textes génériques sans valeur. Vous apprendrez à créer des formulaires de consentement transparents, à gérer les notifications de violation de données et à transférer des informations en toute sécurité à travers les frontières internationales. Nous examinerons également des cas réels dans lesquels des entreprises ont été confrontées à des amendes considérables pour non-conformité, afin d'en tirer des leçons concrètes et d'éviter les mêmes erreurs.

Plus important encore, nous vous aiderons à changer de perspective en considérant la conformité non pas comme une contrainte, mais comme un outil de création de confiance. Les entreprises en ligne les plus prospères de demain seront celles auxquelles les clients feront confiance pour gérer leurs données personnelles. Cette confiance ne se construit pas du jour au lendemain ; elle repose sur une gestion cohérente, transparente et responsable des informations personnelles. Les lois continueront d'évoluer, mais si vous adoptez une approche axée sur la protection de la vie privée dès le départ, vous resterez non seulement en avance sur les changements réglementaires, mais vous vous positionnerez également comme un acteur de référence en matière de pratiques numériques éthiques. Lorsque vous aurez terminé ce livre, vous disposerez des connaissances et des stratégies nécessaires pour naviguer avec confiance dans le monde complexe des lois sur la cybersécurité et la confidentialité, quel que soit l'endroit où vous ou vos clients vous trouvez.

Les lois sur la confidentialité numérique existent afin de créer un cadre juridique définissant la manière dont les données personnelles peuvent être collectées, stockées, traitées et partagées. Elles sont conçues pour protéger les individus contre l'utilisation abusive de leurs informations tout en leur donnant le contrôle sur la façon dont ces informations sont utilisées. Dans le monde interconnecté d'aujourd'hui, les flux de données ne respectent pas les frontières, ce qui explique pourquoi les gouvernements ont élaboré des réglementations complètes en matière de confidentialité qui s'appliquent non seulement sur leur territoire, mais également aux entreprises étrangères qui traitent les données de leurs citoyens. Ces lois visent à prévenir les utilisations non autorisées, à améliorer la transparence et à garantir que les individus aient leur mot à dire sur la manière dont leurs données sont gérées.

Le concept le plus important à comprendre est celui de donnée personnelle. Ce terme désigne généralement toute information permettant d'identifier directement ou indirectement une personne. Cela inclut les identifiants évidents tels que les noms, adresses, numéros de téléphone et adresses e-mail, mais également des éléments moins évidents comme les adresses

Chapitre 1 : Les Fondements des Lois sur la Confidentialité Numérique

Les lois sur la confidentialité numérique existent afin de créer un cadre juridique définissant la manière dont les données personnelles peuvent être collectées, stockées, traitées et partagées. Elles sont conçues pour protéger les individus contre l'utilisation abusive de leurs informations tout en leur donnant le contrôle sur la façon dont ces informations sont utilisées. Dans le monde interconnecté d'aujourd'hui, les flux de données ne respectent pas les frontières, ce qui explique pourquoi les gouvernements ont élaboré des réglementations complètes en matière de confidentialité qui s'appliquent non seulement sur leur territoire, mais également aux entreprises étrangères qui traitent les données de leurs citoyens. Ces lois visent à prévenir les utilisations non autorisées, à améliorer la transparence et à garantir que les individus aient leur mot à dire sur la manière dont leurs données sont gérées.

Le concept le plus important à comprendre est celui de donnée personnelle. Ce terme désigne généralement toute information permettant d'identifier directement ou indirectement une personne. Cela inclut les identifiants évidents tels que les noms, adresses, numéros de téléphone et adresses e-mail, mais également des éléments moins évidents comme les adresses

IP, les identifiants d'appareils, les données de géolocalisation et les habitudes comportementales. Certaines lois définissent également des données personnelles sensibles — telles que les dossiers médicaux, les identifiants biométriques, l'origine raciale ou ethnique, les opinions politiques ou les croyances religieuses — qui nécessitent une protection renforcée et des procédures de traitement plus strictes.

Un deuxième concept clé est celui du traitement des données. Le traitement englobe toute opération effectuée sur des données personnelles, qu'elle soit automatisée ou manuelle. Cela peut inclure la collecte d'une adresse e-mail via un formulaire web, le stockage de dossiers clients dans un logiciel CRM, l'analyse du comportement des visiteurs d'un site internet ou le partage de données utilisateurs avec un service marketing tiers. De nombreuses organisations pensent à tort que les lois sur la protection des données ne s'appliquent que lorsqu'elles vendent ou échangent activement des données. En réalité, le simple fait de stocker ou d'utiliser des informations personnelles de quelque manière que ce soit constitue un traitement selon la plupart des définitions juridiques.

À l'échelle mondiale, certaines lois sont globales tandis que d'autres sont spécifiques à certains secteurs. Par exemple, le RGPD de l'Union européenne est une réglementation complète qui s'applique à presque tous les types de traitement de données, quel que soit le secteur d'activité. À l'inverse, les États-Unis ne disposent pas d'une loi nationale unique sur la confidentialité, mais adoptent une approche sectorielle : la loi HIPAA protège les informations médicales, la loi GLBA couvre les institutions financières et la loi COPPA régit les données collectées auprès des enfants de moins de treize ans. Des États comme la Californie, le Colorado et la Virginie ont également adopté leurs propres lois sur la confidentialité des consommateurs applicables à plusieurs secteurs. Toute entreprise opérant en ligne doit comprendre à la fois les réglementations générales et les règles spécifiques qui peuvent lui être applicables.

L'un des piliers centraux de la plupart des lois sur la confidentialité est le consentement de l'utilisateur. Dans le cadre du RGPD, par exemple, le consentement doit être libre, spécifique, éclairé et sans ambiguïté. Cela signifie que les cases précochées ou les formulations vagues ne sont pas acceptables. De même, en vertu du CCPA, les utilisateurs ont le droit de refuser la vente de leurs informations personnelles. Comprendre comment obtenir et documenter correctement le consentement est essentiel, car un consentement obtenu de manière inadéquate peut invalider toute votre stratégie de conformité et entraîner des sanctions.

Un autre élément essentiel concerne les droits des personnes concernées. Il s'agit des droits accordés aux individus concernant leurs informations personnelles. Ils comprennent souvent le droit d'accéder à leurs données, de corriger des informations inexactes, de demander leur suppression (« droit à l'oubli »), de limiter leur traitement et de recevoir leurs données dans un format portable. Les entreprises doivent mettre en place des procédures claires permettant de répondre à ces demandes dans les délais imposés par la loi. Le non-respect de ces obligations peut entraîner des amendes importantes et nuire à la réputation de l'organisation.

Les exigences de responsabilité et de transparence sont tout aussi importantes. La plupart des lois exigent que les organisations publient une politique de confidentialité claire et accessible expliquant quelles données sont collectées, pourquoi elles le sont, comment elles sont stockées et avec qui elles sont partagées. Certaines réglementations imposent également la nomination d'un Délégué à la Protection des Données (DPD) ou d'une personne responsable de la conformité. Au-delà de la documentation, les entreprises doivent démontrer activement leur conformité grâce à des audits, des formations du personnel et des mesures techniques telles que le chiffrement et les contrôles d'accès.

Les transferts internationaux de données représentent l'un des aspects les plus complexes de la conformité en matière de confidentialité. Lorsqu'une donnée est transférée d'un pays à un autre, elle peut perdre les protections juridiques dont elle bénéficiait dans son pays d'origine, à moins que des garanties spécifiques ne soient mises en place. L'Union européenne, par exemple, n'autorise les transferts de données que vers des pays offrant un niveau de protection jugé adéquat ou lorsque des mécanismes comme les Clauses Contractuelles Types (CCT) sont utilisés. Les entreprises opérant à l'international doivent planifier soigneusement ces transferts afin d'éviter toute violation réglementaire.

Enfin, l'application des lois sur la confidentialité devient de plus en plus stricte dans le monde entier. Les autorités de régulation multiplient les audits, les enquêtes et les sanctions. Le RGPD prévoit des amendes pouvant atteindre 20 millions d'euros ou 4 % du chiffre d'affaires annuel mondial, le montant le plus élevé étant retenu. Le CCPA prévoit également des sanctions civiles et, dans certains cas, des recours judiciaires intentés par les consommateurs eux-mêmes. Cela fait de la conformité non seulement une nécessité juridique, mais aussi un impératif stratégique pour toute organisation soucieuse de sa réputation et de la confiance de ses clients.

Comprendre ces concepts fondamentaux — données personnelles, traitement, consentement, droits des personnes concernées, responsabilité et transferts internationaux – vous préparera aux stratégies de conformité plus avancées abordées dans les chapitres suivants. En adoptant dès maintenant une approche axée sur la protection de la vie privée, vous serez mieux préparé à naviguer dans un environnement juridique en constante évolution tout en protégeant votre organisation et les personnes dont vous traitez les données.

Passons maintenant à l'histoire de Sofia.

Sofia dirigeait une petite entreprise de design en ligne en pleine croissance depuis son appartement à Lisbonne. Ses clients provenaient du monde entier et son site web affichait fièrement les témoignages de clients satisfaits en Europe, en Amérique du Nord et en Asie. Elle se considérait avant tout comme une entrepreneure créative, et non comme une experte juridique. Lorsqu'elle a conçu son site internet, elle s'est concentrée sur l'esthétique plutôt que sur les politiques de confidentialité. Elle disposait d'un simple formulaire de contact, d'un portfolio en ligne et d'une boutique où les clients pouvaient acheter des modèles graphiques.

Un après-midi, elle reçut un e-mail inattendu. Il provenait d'un client allemand demandant une copie de toutes les informations personnelles que son entreprise détenait à son sujet. Le message mentionnait l'« Article 15 du RGPD », une référence dont Sofia n'avait jamais entendu parler. Déconcertée, elle effectua quelques recherches en ligne et découvrit que le Règlement Général sur la Protection des Données s'appliquait également à elle, même si elle travaillait seule et ne possédait aucun bureau en dehors du Portugal. Le simple fait d'avoir des clients dans l'Union européenne suffisait à la soumettre aux exigences strictes de cette réglementation.

En approfondissant ses recherches, Sofia réalisa que son outil d'analyse web collectait des adresses IP, que son prestataire de paiement stockait les informations de facturation de ses clients et que son logiciel d'e-mail marketing suivait les ouvertures de ses newsletters. Toutes ces informations étaient considérées comme des données personnelles au sens du RGPD, et elle en était légalement responsable.

Elle comprit alors que les lois sur la confidentialité ne concernaient pas uniquement les géants de la technologie comme Google ou Facebook. Elles s'appliquaient également aux petites entreprises comme la sienne.

Plus elle lisait, plus elle comprenait le concept de traitement des données. Chaque fois qu'elle collectait une adresse e-mail, enregistrait une facture ou consultait ses statistiques, elle traitait des données personnelles. Son prestataire de paiement était un sous-traitant de données, tout comme son service d'e-mail marketing. Ces fournisseurs faisaient partie intégrante de ses obligations de conformité, ce qui signifiait qu'elle devait également s'assurer qu'ils respectaient la réglementation.

Sa découverte suivante fut le principe du consentement. Elle réalisa que son formulaire de contact et son inscription à la newsletter ne comportaient pas les mentions de consentement appropriées. Selon le RGPD, le consentement devait être libre, spécifique, éclairé et sans ambiguïté. Cela signifiait qu'aucune case précochée ni aucune formulation vague n'étaient autorisées. Elle devait expliquer clairement ce qu'elle ferait des données collectées et pourquoi elle les recueillait.

Au fur et à mesure qu'elle avançait dans sa liste de contrôle de conformité, Sofia commença à voir les choses sous un autre angle. Les lois sur la confidentialité n'étaient pas simplement des obstacles administratifs ; elles constituaient des outils permettant de renforcer la confiance. Elle mit à jour sa politique de confidentialité afin de la rendre plus compréhensible pour ses clients, instaura une procédure permettant de répondre aux demandes d'accès et de suppression des données et commença à chiffrer les informations stockées. Elle contacta même ses prestataires de services tiers afin de confirmer leurs mesures de conformité.

Quelques semaines plus tard, un autre client — cette fois en Californie — la contacta pour demander comment exercer son droit de refus concernant la vente de données personnelles en vertu du CCPA. Sofia ne vendait aucune donnée, mais elle apprit que le simple fait d'indiquer clairement « nous ne vendons pas d'informations personnelles » constituait déjà une exigence de conformité. Elle réalisa que la compréhension des lois mondiales sur la confidentialité lui procurait un véritable avantage concurrentiel. Ses clients appréciaient sa transparence, et plusieurs lui confièrent qu'ils se sentaient plus en sécurité en faisant affaire avec elle.

À la fin de sa mise en conformité, Sofia avait transformé sa petite entreprise en une organisation respectant les normes de confidentialité parmi les plus strictes au monde. Cette expérience lui enseigna que la confidentialité numérique n'était pas simplement une case à cocher sur une liste de conformité, mais un élément essentiel de la gestion d'une entreprise moderne. Elle considérait désormais les données comme un actif précieux qui lui était confié par ses clients, et elle était déterminée à les protéger avec le même soin qu'elle apportait à ses créations.

Chapitre 2 : Comprendre le RGPD : La Référence Européenne en Matière de Protection des Données

Le Règlement Général sur la Protection des Données (RGPD) est largement considéré comme la loi sur la confidentialité la plus complète et la plus influente au monde. Entré en vigueur le 25 mai 2018, il régit la manière dont les données personnelles des individus situés dans l'Union européenne (UE) et l'Espace économique européen (EEE) peuvent être collectées, stockées, traitées et transférées. Sa portée s'étend bien au-delà des frontières européennes, car il s'applique à toute organisation, où qu'elle soit dans le monde, qui propose des biens ou des services à des personnes résidant dans l'UE ou qui surveille leur comportement. Cette portée extraterritoriale a fait du RGPD un modèle pour de nombreuses autres réglementations à travers le monde.

Au cœur du RGPD se trouvent sept principes fondamentaux : la licéité, la loyauté et la transparence ; la limitation des finalités ; la minimisation des données ; l'exactitude ; la limitation de la conservation ; l'intégrité et la confidentialité ; ainsi que la responsabilité. Ces principes constituent la base de la conformité et influencent tous les aspects de la gestion des données par les organisations. Par exemple, la « limitation des finalités » signifie que vous ne pouvez collecter des données que pour un objectif spécifique et légitime, sans pouvoir les réutiliser ultérieurement à des fins non liées sans obtenir un consentement supplémentaire. La « minimisation des données » impose de ne collecter que les informations réellement nécessaires, réduisant ainsi les risques d'utilisation abusive ou de violation des données.

Les bases légales du traitement constituent un autre élément essentiel du RGPD. Une organisation doit disposer d'une raison juridique valable pour collecter et traiter des informations personnelles. Le RGPD reconnaît six bases légales : le consentement, l'exécution d'un contrat, l'obligation légale, la sauvegarde des intérêts vitaux, l'exécution d'une mission d'intérêt public et l'intérêt légitime. Pour la plupart des entreprises, le consentement et l'intérêt légitime sont les bases les plus pertinentes, mais chacune doit être évaluée avec soin afin d'éviter tout abus. Il est important de noter que le consentement doit être éclairé, spécifique et librement donné. Les cases précochées, les formulations vagues ou les autorisations cachées sont strictement interdites.

Le RGPD accorde également aux individus, appelés « personnes concernées », des droits particulièrement puissants. Ceux-ci comprennent le droit d'accéder à leurs données personnelles, de corriger des informations inexactes, de demander leur suppression (« droit à l'oubli »), de limiter leur traitement, de recevoir leurs données dans un format portable et de s'opposer à certaines activités de traitement. Les entreprises doivent répondre rapidement à ces demandes, généralement dans un délai d'un mois, et doivent être capables de vérifier l'identité du demandeur.

La transparence constitue l'un des piliers du RGPD. Les organisations doivent informer clairement les individus des données collectées, des raisons de cette collecte, de la manière dont ces données seront utilisées, de leur durée de conservation et des éventuels tiers avec lesquels elles pourront être partagées. Cette obligation est généralement remplie grâce à une politique de confidentialité détaillée, mais le RGPD exige que celle-ci soit rédigée dans un langage clair et compréhensible, en évitant le jargon juridique excessivement complexe.

La sécurité est abordée dans le RGPD à travers le concept de « mesures techniques et organisationnelles appropriées ». Cela signifie que les entreprises doivent mettre en œuvre des protections telles que le chiffrement, la pseudonymisation, le stockage sécurisé, les contrôles d'accès limités et les audits de sécurité réguliers. Le niveau de protection doit être proportionnel à la sensibilité des données traitées et aux risques potentiels pour les individus en cas de compromission de ces données.

L'un des aspects les plus connus du RGPD est son obligation de notification des violations de données. Les organisations doivent signaler certains types de violations à leur autorité de contrôle dans les 72 heures suivant leur découverte. Si la violation présente un risque élevé pour les droits et libertés des personnes concernées, celles-ci doivent également être informées sans délai injustifié. Cette exigence a poussé de nombreuses organisations à renforcer leurs plans de réponse aux incidents et leurs outils de surveillance.

L'application du RGPD est prise très au sérieux. Les autorités de contrôle de chaque État membre de l'Union européenne peuvent enquêter sur les plaintes, réaliser des audits et imposer des sanctions. Les amendes peuvent atteindre 20 millions d'euros ou 4 % du chiffre d'affaires annuel mondial de l'organisation, le montant le plus élevé étant retenu. Ces sanctions peuvent s'appliquer même aux petites entreprises et aux organisations à but non lucratif si elles ne respectent pas les règles. Des amendes médiatisées ont visé aussi bien de grandes multinationales que de petites entreprises, démontrant qu'aucune organisation n'est trop petite pour échapper à la surveillance des autorités.

Pour se conformer au RGPD, les organisations devraient suivre une approche structurée : cartographier toutes les activités de traitement des données personnelles, déterminer la base légale de chaque traitement, mettre à jour les politiques de confidentialité, s'assurer de disposer de mécanismes de consentement appropriés, sécuriser les données grâce à des mesures techniques, former les employés et mettre en place des procédures de gestion des demandes des personnes concernées. La conformité est un processus continu : à mesure que votre entreprise évolue, vos pratiques de gestion des données doivent être réévaluées et mises à jour.

En comprenant la portée du RGPD, ses principes fondamentaux, ses bases légales, les droits qu'il accorde et les mécanismes d'application prévus, vous pourrez non seulement éviter des sanctions coûteuses, mais également renforcer la confiance de votre audience. De nombreuses entreprises ont constaté que l'adoption des normes du RGPD, même lorsqu'elles n'y sont pas légalement tenues, les distingue comme des organisations fiables et respectueuses de la vie privée, leur procurant un avantage concurrentiel sur le marché mondial.

Lucas et son entreprise de logiciels

Lucas possédait une petite entreprise de logiciels au Canada spécialisée dans les outils de productivité destinés aux petites entreprises. La majorité de ses clients se trouvaient en Amérique du Nord, mais au fil des années, ses produits avaient commencé à attirer l'attention en Europe. Il ne s'était jamais vraiment préoccupé des lois sur la confidentialité en dehors du Canada, persuadé qu'elles ne le concernaient pas. Tout changea le jour où il reçut un e-mail d'un client néerlandais demandant la suppression de son compte ainsi que l'effacement de toutes ses données personnelles, en invoquant ses « droits en vertu du RGPD ».

Intrigué, Lucas commença à effectuer des recherches et réalisa rapidement que le RGPD s'appliquait également à son entreprise parce qu'il avait des clients européens. Peu importait qu'il ne possède aucun bureau dans l'Union européenne ; le simple fait d'offrir ses services à des résidents européens suffisait. La portée extraterritoriale du règlement signifiait qu'il devait désormais respecter l'une des normes de confidentialité les plus strictes au monde.

Au départ, Lucas se sentit dépassé. Le texte du RGPD était dense et rempli de termes qu'il ne connaissait pas, comme « minimisation des données », « base légale » ou « droits des personnes concernées ». Mais à mesure qu'il le décomposait en concepts plus simples, il commença à comprendre sa logique. Cette réglementation n'avait pas été conçue pour sanctionner arbitrairement les entreprises ; elle visait à protéger les individus contre l'utilisation abusive ou la mauvaise gestion de leurs informations personnelles.

Il commença par répertorier toutes les données personnelles collectées par son entreprise. Cela incluait les adresses e-mail utilisées pour la connexion, les adresses IP enregistrées par ses serveurs, les informations de paiement stockées par un prestataire tiers et les données analytiques comportementales provenant de son application. Pour chaque catégorie de données, il se posa deux questions : « Pourquoi collectons-nous cette information ? » et « Disposons-nous d'une base légale ? ». Dans de nombreux cas, la réponse était positive — nécessité contractuelle pour les connexions ou intérêt légitime pour certaines analyses de base — mais pour certaines activités marketing, il réalisa qu'un consentement explicite était indispensable.

Ensuite, Lucas entreprit une refonte complète de sa politique de confidentialité. L'ancienne version n'était qu'un modèle générique rempli de jargon juridique. La nouvelle expliquait clairement quelles données étaient collectées, comment elles étaient utilisées, combien de temps elles étaient conservées et comment les utilisateurs pouvaient demander leur suppression. Il modifia également son processus d'inscription afin d'y intégrer des cases de consentement explicites, accompagnées de liens vers la politique de confidentialité et d'explications sur la manière de retirer ce consentement à tout moment.

La sécurité représentait un autre défi. Bien que son entreprise utilise déjà des serveurs sécurisés, il décida d'implémenter le chiffrement des données stockées et de limiter l'accès aux informations personnelles aux seuls employés qui en avaient besoin dans le cadre de leurs fonctions. Il mit également en place un plan de réponse aux violations de données comprenant un protocole interne permettant de signaler les incidents en quelques heures plutôt qu'en plusieurs jours.

Les changements prirent plusieurs mois à être mis en œuvre, mais les bénéfices furent immédiats. Les clients européens exprimèrent leur appréciation pour cette transparence, et même les utilisateurs nord-américains affirmèrent se sentir plus en confiance lorsqu'ils utilisaient le produit. Lucas constata que le processus de conformité au RGPD avait obligé son entreprise à devenir plus organisée, plus transparente et plus respectueuse des données de ses clients.

Un an plus tard, lorsqu'un incident de sécurité mineur se produisit — un serveur mal configuré exposant une petite quantité de données non sensibles — l'équipe de Lucas réagit rapidement. Elle documenta l'incident, informa l'autorité compétente dans le délai de 72 heures et avertit les utilisateurs concernés. Cet incident aurait pu se transformer en catastrophe, mais il devint au contraire une occasion de démontrer leur engagement envers la protection de la vie privée. Les clients réagirent par des compliments plutôt que par des critiques, et Lucas comprit alors que la conformité au RGPD était passée du statut d'obligation légale à celui d'un puissant outil de création de confiance.

Chapitre 3 : Le CCPA et les Lois des États Américains sur la Confidentialité : Protéger les Consommateurs Américains

Le California Consumer Privacy Act (CCPA), entré en vigueur le 1er janvier 2020, est la loi sur la confidentialité la plus importante des États-Unis et a servi de modèle à de nombreux autres États. Bien que les États-Unis ne disposent pas d'une loi fédérale unique et complète comparable au RGPD européen, le CCPA représente une évolution majeure vers un renforcement des droits des consommateurs en matière de données personnelles au niveau des États. La loi s'applique aux entreprises à but lucratif opérant en Californie qui remplissent au moins l'un des critères suivants : réaliser un chiffre d'affaires annuel brut supérieur à 25 millions de dollars ; acheter, vendre ou partager les informations personnelles de 100 000 consommateurs ou ménages ou plus ; ou tirer au moins 50 % de leurs revenus annuels de la vente d'informations personnelles de consommateurs.

L'objectif principal du CCPA est de donner aux consommateurs un meilleur contrôle sur leurs informations personnelles. La loi adopte une définition très large des informations personnelles, couvrant les identifiants tels que les noms, adresses, adresses e-mail et adresses IP, mais également les données biométriques, l'historique de navigation, les données de géolocalisation et les déductions tirées de ces informations pour créer un profil de consommateur. Contrairement à certaines lois sur la confidentialité, le CCPA n'exige pas de base légale spécifique pour le traitement des données ; il met plutôt l'accent sur la transparence et le choix du consommateur.

En vertu du CCPA, les résidents de Californie disposent de plusieurs droits importants. Ils ont le droit de savoir quelles informations personnelles sont collectées à leur sujet, aussi bien en termes de catégories que de détails précis. Ils ont également le droit de demander la suppression des informations personnelles détenues par une entreprise, sous réserve de certaines exceptions. Le droit de refus (« opt-out ») permet aux consommateurs d'empêcher les entreprises de vendre leurs informations personnelles, et les sociétés concernées doivent afficher de manière claire et visible un lien intitulé « Ne pas vendre mes informations personnelles » sur leur site web lorsqu'elles procèdent à de telles ventes. En outre, les consommateurs bénéficient du droit à la non-discrimination, ce qui signifie qu'ils ne peuvent pas se voir refuser un service ou se voir appliquer des tarifs différents simplement parce qu'ils exercent leurs droits en matière de confidentialité.

L'un des aspects les plus particuliers du CCPA est son accent mis sur les mécanismes de retrait. Contrairement au RGPD, qui exige souvent un consentement préalable (« opt-in »), le CCPA considère généralement que la collecte de données est autorisée tant que le consommateur ne s'y oppose pas explicitement. Cette différence rend essentiel pour les entreprises de disposer de procédures claires permettant de respecter les demandes de retrait, notamment en vérifiant l'identité de la personne qui formule la demande. Le California Privacy Rights Act (CPRA), entré en vigueur en 2023, a élargi la portée du CCPA en ajoutant de nouveaux droits, comme le droit de corriger des informations inexactes, et en créant la California Privacy Protection Agency (CPPA), chargée de faire appliquer la loi.

L'application du CCPA est assurée par le Procureur Général de Californie et, depuis l'entrée en vigueur du CPRA, par la CPPA. Les sanctions en cas de non-conformité peuvent être importantes : jusqu'à 2 500 dollars par infraction ou 7 500 dollars pour une violation intentionnelle. De plus, le CCPA accorde aux consommateurs un droit d'action privé dans certains cas de violation de données, leur permettant de réclamer des dommages-intérêts légaux compris entre 100 et 750 dollars par incident. Ce risque juridique a poussé de nombreuses entreprises à renforcer de manière proactive leurs pratiques de sécurité et de confidentialité.

Bien que le CCPA soit la loi la plus connue, elle n'est pas la seule réglementation étatique sur la confidentialité aux États-Unis. Des États comme la Virginie, le Colorado, le Connecticut et l'Utah ont adopté leurs propres lois, chacune comportant des définitions, des droits et des obligations de conformité spécifiques. Cette approche fragmentée signifie que les entreprises opérant à l'échelle nationale doivent adapter leurs stratégies de confidentialité afin de respecter simultanément plusieurs cadres réglementaires. En pratique, de nombreuses entreprises choisissent d'appliquer la norme la plus stricte à l'ensemble de leurs activités afin d'éviter la gestion de plusieurs systèmes de conformité différents.

Pour se conformer au CCPA, les entreprises devraient commencer par cartographier les informations personnelles qu'elles collectent et déterminer si la loi leur est applicable. Elles doivent mettre à jour leurs politiques de confidentialité afin d'y inclure les divulgations requises, mettre en place des mécanismes de retrait lorsque cela est nécessaire, former les employés à la gestion des demandes des consommateurs et créer des systèmes permettant de répondre aux demandes d'accès, de suppression et de correction dans un délai de 45 jours. La mise en place d'outils simples et accessibles permettant aux consommateurs d'exercer leurs droits garantit non seulement la conformité juridique, mais contribue également à renforcer la confiance et la fidélité des clients.

Même si le CCPA et les autres lois étatiques peuvent sembler fragmentés par rapport au RGPD, ils représentent une évolution importante vers une plus grande responsabilité dans l'économie américaine des données. À mesure que davantage d'États adoptent leurs propres réglementations et que la pression en faveur d'une norme fédérale unique augmente, les entreprises qui prennent la conformité au sérieux dès aujourd'hui seront mieux préparées aux exigences de demain.

Passons maintenant à l'histoire de Maya et de son service d'abonnement en ligne.

Au cœur de Los Angeles, Maya dirigeait un service d'abonnement en ligne spécialisé dans les produits de soins biologiques pour la peau. Son entreprise s'était développée rapidement, attirant des milliers de clients à travers les États-Unis, dont une clientèle fidèle en Californie. Elle se concentrait principalement sur la qualité de ses produits et l'expérience client, sans vraiment se soucier des lois sur la confidentialité, jusqu'au jour où elle reçut un courrier électronique provenant du bureau du Procureur Général de Californie. Il s'agissait d'un rappel concernant ses obligations au titre du California Consumer Privacy Act.

Au départ, Maya était perplexe. Elle ne vendait pas d'informations personnelles, alors pourquoi cette loi s'appliquait-elle à elle ? En approfondissant le sujet, elle découvrit que la notion de « vente » de données dans le cadre du CCPA était beaucoup plus large qu'elle ne l'avait imaginé. Même le partage d'informations clients avec un réseau publicitaire à des fins de marketing ciblé pouvait être considéré comme une vente. Comme elle utilisait une plateforme publicitaire populaire pour recibler les visiteurs de son site web, son activité entrait dans le champ d'application de la loi.

Maya apprit que les consommateurs californiens avaient le droit de savoir exactement quelles informations personnelles elle collectait et comment elles étaient utilisées. Ils pouvaient également demander la suppression de leurs données ou s'opposer totalement à leur vente. Elle devait ajouter un lien « Ne pas vendre mes informations personnelles » sur son site web, mettre à jour sa politique de confidentialité et créer une procédure de gestion des demandes des consommateurs. Elle réalisa également qu'elle ne disposait que de 45 jours pour répondre à ces demandes après leur réception. Elle constitua donc une petite équipe interne chargée de les traiter.

Le processus ne fut pas simple. Son directeur marketing craignait que le respect des demandes de retrait ne réduise l'efficacité des campagnes publicitaires. Cependant, Maya décida que la confiance des clients était plus importante que les performances publicitaires à court terme. Elle était convaincue que la transparence attirerait finalement davantage de clients fidèles.

À peu près au même moment, Maya découvrit que d'autres États adoptaient des lois similaires. La Virginie, le Colorado et l'Utah avaient chacun mis en place leur propre version de la réglementation sur la confidentialité. Bien qu'elles ressemblent au CCPA à bien des égards, elles comportaient toutes des différences subtiles. Plutôt que de gérer des processus distincts pour chaque État, Maya choisit d'appliquer partout les normes élevées de la Californie. Cela nécessitait davantage d'efforts au départ, mais simplifiait les opérations et garantissait les mêmes droits à tous ses clients, quel que soit leur lieu de résidence.

Quelques mois plus tard, cette stratégie porta ses fruits. Une cliente de San Francisco félicita publiquement son entreprise pour sa transparence après avoir facilement exercé son droit de retrait concernant la publicité ciblée. Son message devint viral au sein d'une petite communauté influente de consommateurs soucieux de l'environnement. Les commandes augmentèrent fortement, non pas grâce à une campagne publicitaire spectaculaire, mais grâce à la confiance. Sa marque devint connue non seulement pour ses produits de soins naturels, mais aussi pour ses pratiques exemplaires en matière de gestion des données.

L'expérience de Maya lui enseigna que les lois sur la confidentialité n'étaient pas des obstacles à la croissance, mais des opportunités de différenciation. Dans un secteur où de nombreuses entreprises tardaient à s'adapter, elle réussit à se positionner comme une référence en matière de respect des consommateurs et d'éthique des données. Ce qui avait commencé comme un défi de conformité lié au CCPA devint finalement l'un des principaux avantages concurrentiels de son entreprise.

Chapitre 4 : La LGPD du Brésil et l'Essor des Lois sur la Confidentialité en Amérique Latine

La Lei Geral de Proteção de Dados Pessoais (LGPD) est la loi brésilienne globale sur la protection des données, largement inspirée du Règlement Général sur la Protection des Données (RGPD) de l'Union européenne. Entrée en vigueur en septembre 2020, elle s'applique à toute personne physique ou organisation — au Brésil ou à l'étranger — qui traite des données personnelles au Brésil ou qui propose des biens ou des services à des personnes situées dans le pays. La LGPD est particulièrement importante non seulement parce que le Brésil est la plus grande économie d'Amérique latine, mais aussi parce qu'elle reflète l'attention croissante portée à la confidentialité et à la protection des données dans toute la région.

Comme le RGPD, la LGPD définit largement les données personnelles comme toute information relative à une personne physique identifiée ou identifiable, directement ou indirectement. Elle introduit également la notion de données personnelles sensibles, qui inclut les informations relatives à l'origine raciale ou ethnique, aux croyances religieuses, aux opinions politiques, à l'appartenance syndicale, à la santé, à l'orientation sexuelle ainsi qu'aux données biométriques ou génétiques. Le traitement de ces données sensibles nécessite des garanties supplémentaires et, dans la plupart des cas, un consentement explicite.

La LGPD repose sur dix bases légales pour le traitement des données, similaires aux bases juridiques du RGPD mais adaptées au cadre juridique brésilien. Celles-ci comprennent notamment le consentement, l'obligation légale, l'exécution d'un contrat, l'intérêt légitime et la protection du crédit. Le consentement dans le cadre de la LGPD doit être libre, éclairé et sans ambiguïté. Les personnes concernées doivent pouvoir retirer leur consentement facilement, et ce retrait doit être aussi simple que son octroi.

L'une des caractéristiques les plus remarquables de la LGPD est l'importance accordée aux droits des personnes concernées. Les citoyens et résidents brésiliens ont le droit de confirmer l'existence d'un traitement, d'accéder à leurs données, de corriger les informations inexactes, de demander l'anonymisation ou la suppression de leurs données et d'obtenir la portabilité de celles-ci vers un autre fournisseur de produits ou de services. Ils ont également le droit d'être informés des entités publiques et privées avec lesquelles leurs données ont été partagées. Les entreprises doivent être prêtes à répondre à ces demandes rapidement et en toute transparence.

La LGPD exige également que les organisations désignent un Délégué à la Protection des Données (DPD), chargé de superviser la conformité et de servir de principal point de contact avec l'autorité nationale de protection des données, l'Autoridade Nacional de Proteção de Dados (ANPD). Ce rôle est essentiel pour garantir que les mesures de protection des données soient intégrées dans les opérations et la culture de l'organisation.

La sécurité des données dans le cadre de la LGPD est définie comme l'obligation d'adopter des mesures techniques et administratives capables de protéger les données personnelles contre tout accès non autorisé ainsi que contre la destruction, la perte, l'altération, la communication ou la diffusion accidentelles ou illicites. Bien que la loi ne prescrive pas de technologies spécifiques, elle insiste sur le principe de proportionnalité : les mesures mises en œuvre doivent être adaptées à la sensibilité et au volume des données traitées.

Les violations de la LGPD peuvent entraîner des sanctions importantes. L'ANPD peut imposer des amendes allant jusqu'à 2 % du chiffre d'affaires de l'entreprise au Brésil, dans la limite de 50 millions de réais brésiliens (environ 10 millions de dollars américains) par infraction. Les sanctions peuvent également inclure la publication de l'infraction, le blocage des données personnelles concernées ou l'ordre de leur suppression. Ces pénalités ont fait de la conformité à la LGPD une priorité pour les entreprises brésiliennes ainsi que pour celles qui interagissent avec des consommateurs brésiliens.

Au-delà du Brésil, plusieurs pays d'Amérique latine — notamment l'Argentine, le Chili, la Colombie et le Mexique — ont adopté ou sont en train de moderniser leurs lois sur la confidentialité afin de les aligner davantage sur les normes internationales telles que le RGPD. Pour les entreprises opérant dans cette région, cela signifie qu'il devient nécessaire d'adopter une stratégie harmonisée de protection des données prenant en compte à la fois la LGPD et les réglementations locales.

Pour se conformer à la LGPD, les organisations devraient réaliser une cartographie complète des données personnelles brésiliennes qu'elles traitent, déterminer la base légale applicable à chaque activité de traitement, mettre à jour leurs avis de confidentialité, mettre en œuvre des mécanismes de consentement appropriés et établir des procédures de réponse aux demandes des personnes concernées. En raison des similitudes entre la LGPD et le RGPD, les entreprises déjà conformes au RGPD trouveront l'adaptation plus facile, mais elles devront néanmoins tenir compte des particularités de la loi brésilienne.

En adoptant les exigences de la LGPD, les organisations évitent non seulement des sanctions coûteuses, mais se positionnent également comme des partenaires dignes de confiance dans une région où la confiance numérique est encore en développement. Sur des marchés comme celui du Brésil, où les relations personnelles et la réputation jouent un rôle essentiel dans la réussite commerciale, démontrer un engagement fort en faveur de la confidentialité peut constituer un avantage concurrentiel considérable.

L'histoire de Diego et de son entreprise de commerce électronique

Diego possédait une entreprise de commerce électronique de taille moyenne à São Paulo spécialisée dans la vente de meubles artisanaux à travers le Brésil et à l'international. Sa boutique en ligne connaissait une croissance régulière, avec des commandes provenant des États-Unis, d'Europe et d'Asie. Pendant des années, il avait géré les données de ses clients de manière assez informelle : il conservait les détails des commandes, stockait les adresses e-mail à des fins marketing et analysait les visites sur son site afin d'améliorer l'expérience utilisateur. Les politiques de confidentialité étaient une réflexion secondaire ; il en avait simplement copié une depuis un autre site web sans jamais la mettre à jour.

Tout changea lorsque la Lei Geral de Proteção de Dados Pessoais entra en vigueur. Diego entendit parler de cette nouvelle réglementation pour la première fois par un ami travaillant dans une entreprise technologique.

« C'est la version brésilienne du RGPD », lui expliqua son ami. « Et c'est très sérieux. Les amendes peuvent être énormes. »

Au départ, Diego pensait que cette loi ne concernait que les grandes entreprises. Mais lorsqu'il apprit que toute organisation traitant des données personnelles au Brésil était concernée, il comprit qu'il ne pouvait plus l'ignorer.

Diego commença à étudier la LGPD et identifia rapidement les failles dans ses propres pratiques. Il découvrit que son entreprise collectait non seulement des noms et des adresses, mais aussi des numéros de téléphone, des informations de paiement et des historiques d'achats détaillés. Toutes ces informations étaient considérées comme des données personnelles au sens de la LGPD. Plus inquiétant encore, son outil d'analyse recueillait des adresses IP et des données de navigation, alors qu'il ne disposait d'aucun mécanisme formel de consentement.

Une disposition attira particulièrement son attention : l'obligation de désigner un Délégué à la Protection des Données. En tant que propriétaire d'une petite entreprise, il ne pouvait pas se permettre d'embaucher un spécialiste à temps plein. Il décida donc d'assumer lui-même cette fonction. Il étudia la loi, suivit plusieurs formations en ligne et commença à élaborer de nouvelles politiques internes de gestion des données. Il mit à jour son site internet afin d'y intégrer une politique de confidentialité claire et rédigée dans un langage simple, tout en ajoutant une bannière demandant le consentement pour l'utilisation des cookies analytiques.

Les clients commencèrent rapidement à remarquer ces changements. L'un d'eux lui envoya un e-mail pour le remercier d'expliquer clairement comment les données étaient utilisées et de permettre un désabonnement facile aux communications marketing. Un autre demanda une copie de toutes les données que l'entreprise détenait à son sujet — une demande qui, auparavant, aurait totalement déconcerté Diego. Désormais, il pouvait répondre rapidement en fournissant un fichier sécurisé téléchargeable en quelques jours seulement.

Au début, certains membres de son équipe se plaignaient du travail supplémentaire que cela représentait. Mais avec le temps, ils commencèrent à constater les avantages. Les plaintes liées aux e-mails non désirés diminuèrent et la confiance envers la marque augmenta. Les clients internationaux, en particulier ceux provenant d'Europe, exprimèrent davantage de confiance lorsqu'ils achetaient sur sa boutique, sachant qu'elle respectait des règles strictes en matière de confidentialité.

Six mois plus tard, un concurrent du même secteur fit la une des journaux après avoir commis une violation de la LGPD en exposant les données de ses clients dans une base de données non sécurisée. La nouvelle se répandit rapidement et de nombreux clients de ce concurrent se tournèrent vers la boutique de Diego. Le travail de conformité qui lui semblait autrefois être un fardeau était devenu l'un de ses meilleurs arguments de vente.

Diego réalisa alors que la LGPD ne consistait pas simplement à éviter des amendes. Il s'agissait avant tout de respecter les personnes qui lui confiaient leurs informations personnelles. Dans le marché extrêmement concurrentiel du commerce électronique brésilien, ce respect se traduisait directement par une fidélisation accrue, davantage de recommandations et une croissance constante de son entreprise.

[illegible]

La Loi sur la protection des renseignements personnels et les documents électroniques (LPRPDE), connue en anglais sous le nom de Personal Information Protection and Electronic Documents Act (PIPEDA), est la loi fédérale canadienne sur la protection de la vie privée applicable aux organisations du secteur privé. Adoptée initialement en 2000 puis élargie par la suite, la LPRPDE s'applique aux organisations exerçant des activités commerciales dans la plupart des provinces et territoires du Canada. Certaines provinces, comme la Colombie-Britannique, l'Alberta et le Québec, disposent toutefois de leurs propres lois jugées « essentiellement similaires » à la LPRPDE. Les entreprises situées dans ces provinces doivent respecter leurs réglementations respectives, mais la LPRPDE continue de s'appliquer lorsque les renseignements personnels franchissent les frontières provinciales ou nationales.

La LPRPDE définit les renseignements personnels de manière très large comme toute information concernant une personne identifiable, à l'exclusion de certaines informations

Chapitre 5 : La LPRPDE (PIPEDA) du Canada et les Règles Nord-Américaines sur les Transferts Transfrontaliers de Données

La Loi sur la protection des renseignements personnels et les documents électroniques (LPRPDE), connue en anglais sous le nom de Personal Information Protection and Electronic Documents Act (PIPEDA), est la loi fédérale canadienne sur la protection de la vie privée applicable aux organisations du secteur privé. Adoptée initialement en 2000 puis élargie par la suite, la LPRPDE s'applique aux organisations exerçant des activités commerciales dans la plupart des provinces et territoires du Canada. Certaines provinces, comme la Colombie-Britannique, l'Alberta et le Québec, disposent toutefois de leurs propres lois jugées « essentiellement similaires » à la LPRPDE. Les entreprises situées dans ces provinces doivent respecter leurs réglementations respectives, mais la LPRPDE continue de s'appliquer lorsque les renseignements personnels franchissent les frontières provinciales ou nationales.

La LPRPDE définit les renseignements personnels de manière très large comme toute information concernant une personne identifiable, à l'exclusion de certaines informations professionnelles dans des contextes précis. Les exemples incluent les noms, les adresses personnelles, les numéros d'assurance sociale, les dossiers médicaux, les renseignements financiers et même les opinions exprimées au sujet d'une personne. Contrairement au RGPD européen ou à la LGPD brésilienne, la LPRPDE accorde une importance particulière au principe du consentement valable, en veillant à ce que les individus comprennent quelles informations sont recueillies, pourquoi elles le sont et comment elles seront utilisées avant de donner leur accord.

La loi repose sur dix principes relatifs à l'équité dans le traitement de l'information, qui guident la manière dont les organisations doivent gérer les renseignements personnels :

- Responsabilité
- Détermination des fins de la collecte
- Consentement
- Limitation de la collecte
- Limitation de l'utilisation, de la communication et de la conservation
- Exactitude
- Mesures de sécurité
- Transparence
- Accès individuel

• Possibilité de porter plainte concernant le respect des principes

Ces principes exigent que les organisations désignent une personne responsable de la conformité, définissent clairement les objectifs de la collecte de données et limitent à la fois la quantité d'informations recueillies et leur durée de conservation. Par exemple, une entreprise ne peut pas collecter des données « au cas où » elles pourraient être utiles plus tard ; elle doit disposer d'un objectif précis et clairement déclaré.

La LPRPDE autorise à la fois le consentement explicite et le consentement implicite. Toutefois, le consentement explicite est requis pour les renseignements personnels sensibles ou dans les situations où l'individu ne s'attendrait pas raisonnablement à une certaine utilisation de ses données. Le consentement implicite peut s'appliquer lorsqu'un client fournit son adresse pour une livraison, ce qui implique qu'il consent à l'utilisation de cette information à des fins d'expédition. Cependant, les entreprises doivent toujours faire preuve de transparence et éviter de dissimuler les conditions de consentement dans des politiques de confidentialité longues et difficiles à comprendre.

L'un des aspects les plus importants de la LPRPDE concerne les transferts transfrontaliers de données. Lorsqu'une organisation transfère des renseignements personnels à un prestataire de services situé dans un autre pays, elle doit garantir un niveau de protection comparable grâce à des accords contractuels appropriés et à des vérifications diligentes. Bien que la LPRPDE n'interdise pas les transferts internationaux de données, elle exige que les individus soient informés que leurs renseignements peuvent être traités dans une autre juridiction, laquelle peut être soumise à des lois différentes et à des demandes d'accès provenant de gouvernements étrangers.

La sécurité des données, dans le cadre de la LPRPDE, repose sur l'adoption de mesures de protection adaptées à la sensibilité des renseignements concernés. Ces mesures peuvent inclure le chiffrement, le stockage sécurisé, la formation des employés et la limitation des accès. La loi prévoit également des obligations de notification en cas d'atteinte à la sécurité. Les organisations doivent signaler toute violation présentant un « risque réel de préjudice grave » au Commissariat à la protection de la vie privée du Canada (CPVP) et informer les personnes concernées dès que possible.

Le non-respect de la LPRPDE peut entraîner des enquêtes publiques, nuire à la réputation d'une organisation ct, dans lcs cas les plus graves, donner lieu à des procédures judiciaires et à des demandes de dommages-intérêts. Bien que les sanctions prévues aient historiquement été moins sévères que celles du RGPD ou de la LGPD, des réformes proposées visent à renforcer les pouvoirs d'application de la loi et les pénalités, rendant la conformité encore plus importante.

Pour les entreprises, la conformité implique d'identifier les renseignements personnels collectés, d'obtenir un consentement valable, de protéger les données grâce à des mesures de sécurité appropriées, de faire preuve de transparence concernant les politiques de confidentialité et de former les employés à la gestion adéquate des renseignements personnels. Les entreprises ayant des activités transfrontalières doivent faire preuve d'une vigilance accrue afin de respecter à la fois les exigences canadiennes et celles des juridictions étrangères.

En comprenant et en appliquant les principes de la LPRPDE, les organisations peuvent protéger la vie privée tout en favorisant les échanges commerciaux internationaux. Dans une économie numérique de plus en plus mondiale, la transparence et la confiance sont devenues aussi importantes que les produits et services proposés.

L'histoire de l'agence de marketing numérique d'Amira

Amira dirigeait une agence de marketing numérique spécialisée à Toronto, au service de clients situés au Canada, aux États-Unis et en Europe. Sa petite équipe gérait tout, de la conception de sites web aux campagnes de courriels marketing, et ses clients lui confiaient souvent des listes de contacts à utiliser dans leurs campagnes promotionnelles. Pendant des années, Amira avait supposé que, puisqu'elle travaillait principalement avec des entreprises canadiennes, la conformité en matière de protection de la vie privée n'était pas une préoccupation majeure. Cette conviction changea lorsqu'un de ses clients lui demanda de s'assurer que toutes ses campagnes respectaient la LPRPDE.

Intriguée, Amira commença à étudier la loi et réalisa rapidement que son agence traitait déjà d'importantes quantités de renseignements personnels : noms, adresses électroniques, historiques d'achats et même données comportementales provenant des outils d'analyse de sites web. En vertu de la LPRPDE, toutes ces informations étaient considérées comme des renseignements personnels et entraînaient des obligations juridiques.

La première étape consista à désigner une personne responsable de la conformité. En tant que propriétaire de l'entreprise, Amira décida d'assumer elle-même ce rôle et se plongea dans l'étude des dix principes de traitement équitable de l'information. Elle découvrit rapidement plusieurs lacunes dans ses processus. Par exemple, son agence conservait d'anciennes listes de clients indéfiniment, même après la fin des campagnes. Or, la LPRPDE exige que les données ne soient conservées que pendant la durée nécessaire à la réalisation de l'objectif pour lequel elles ont été collectées. Elle mit donc en place une politique stricte de suppression des données.

Le consentement constituait un autre domaine nécessitant des améliorations. Certains formulaires d'inscription utilisés par ses clients contenaient des explications vagues concernant l'utilisation des renseignements personnels. Amira les modifia afin d'expliquer clairement les objectifs de la collecte des données, en ajoutant des cases distinctes pour l'abonnement aux infolettres et pour le consentement à la publicité ciblée. Elle instaura également un consentement explicite pour les informations sensibles, telles que les réponses à des questionnaires de santé utilisés par un client du secteur du bien-être.

Lorsqu'elle découvrit les règles de la LPRPDE concernant les transferts internationaux de données, Amira réalisa que son agence utilisait un service de marketing par courriel basé aux États-Unis. Cela signifiait qu'elle devait informer ses clients – et indirectement leurs propres clients – que les renseignements personnels pouvaient être stockés à l'extérieur du Canada et soumis aux lois américaines. Elle mit à jour ses politiques de confidentialité en conséquence et examina attentivement les pratiques de sécurité de ce fournisseur.

La sécurité devint également une priorité. Amira introduisit le chiffrement des fichiers sensibles, imposa l'authentification à deux facteurs pour tous les comptes de l'équipe et organisa des formations visant à reconnaître les tentatives d'hameçonnage. Au départ, son équipe considérait ces nouvelles mesures comme contraignantes, mais elle en comprit rapidement l'utilité, notamment après avoir appris qu'un concurrent avait subi une violation de données qui lui avait coûté un client important.

Quelques mois plus tard, l'un des clients d'Amira fut victime d'une atteinte à la sécurité impliquant le vol d'adresses électroniques et de mots de passe de clients. Grâce aux nouvelles procédures mises en place, l'équipe réagit rapidement : elle signala l'incident au Commissariat à la protection de la vie privée du Canada, informa les personnes concernées et aida le client à renforcer ses mesures de sécurité. Ce dernier félicita l'agence pour son professionnalisme, et la nouvelle se répandit rapidement, générant de nouveaux contrats auprès d'entreprises recherchant des services marketing respectueux de la vie privée.

Amira comprit alors que la conformité à la LPRPDE ne consistait pas seulement à éviter des sanctions. Il s'agissait de bâtir la confiance et la crédibilité. Dans le monde très concurrentiel du marketing numérique, pouvoir assurer aux clients que leurs données étaient traitées avec le plus grand soin devint un argument commercial extrêmement puissant. Avec le temps, cela permit à son agence de se distinguer dans un marché saturé, démontrant que la protection de la vie privée pouvait être à la fois une responsabilité et un avantage concurrentiel.

Chapitre 6 : Les Règles de Transfert des Données et la Conformité Transfrontalière

Dans l'économie numérique actuelle, les données restent rarement au même endroit. Qu'il s'agisse du stockage dans le cloud, des équipes travaillant à distance ou des services tiers, les données personnelles traversent souvent les frontières – parfois même sans que les personnes concernées en aient conscience. Ce mouvement déclenche un ensemble complexe de règles relatives aux transferts de données, intégrées dans les lois sur la protection de la vie privée à travers le monde. Comprendre et respecter ces règles est essentiel pour éviter les risques juridiques et maintenir la confiance des utilisateurs.

Un transfert transfrontalier de données se produit lorsque des données personnelles sont déplacées d'une juridiction à une autre, physiquement ou numériquement. Par exemple, une entreprise canadienne qui utilise un prestataire de paiement basé aux États-Unis effectue un transfert de données au-delà des frontières. Bien que cela puisse sembler une pratique courante, les implications juridiques peuvent être importantes, car les protections de la vie privée varient d'un pays à l'autre. Certaines juridictions considèrent certains pays comme offrant un niveau de protection « adéquat », tandis que d'autres exigent des garanties supplémentaires.

En vertu du RGPD de l'Union européenne, les données personnelles ne peuvent être transférées en dehors de l'UE ou de l'EEE que vers des pays que la Commission européenne considère comme offrant un niveau de protection adéquat. Si un pays ne figure pas sur cette liste, les organisations doivent utiliser des mécanismes tels que les Clauses Contractuelles Types (CCT), les Règles d'Entreprise Contraignantes (BCR) ou obtenir le consentement explicite de l'utilisateur. L'arrêt Schrems II rendu en 2020 a invalidé le cadre « Privacy Shield » entre l'Union européenne et les États-Unis, rendant ces garanties encore plus importantes.

La LGPD du Brésil impose également des restrictions concernant les transferts internationaux de données. Elle exige soit que le pays de destination offre un niveau de protection adéquat, soit que des garanties spécifiques soient mises en place, notamment des clauses contractuelles approuvées par l'autorité brésilienne de protection des données. De la même manière, la LPRPDE (PIPEDA) du Canada autorise les transferts internationaux de données mais impose un principe de transparence : les individus doivent être informés lorsque leurs données seront traitées dans un autre pays et lorsqu'elles pourraient être soumises à des lois différentes ou à des demandes d'accès de gouvernements étrangers.

Aux États-Unis, il n'existe pas de loi fédérale unique régissant les transferts internationaux de données. Cependant, certaines réglementations sectorielles, comme la HIPAA pour les données de santé et la GLBA pour les données financières, imposent des restrictions spécifiques. En outre, certaines lois étatiques, comme le California Consumer Privacy Act (CCPA), peuvent exiger des divulgations concernant les transferts internationaux de données.

Les considérations liées à la sécurité constituent une composante essentielle de la conformité transfrontalière. Même lorsque le cadre juridique autorise un transfert, les organisations doivent s'assurer que l'entité destinataire dispose de mesures techniques et organisationnelles adéquates. Cela peut inclure le chiffrement des données pendant leur transmission, des droits d'accès limités et des audits de sécurité réguliers.

Les contrats et accords juridiques sont souvent la pierre angulaire de la conformité en matière de transferts internationaux. Les Clauses Contractuelles Types sont des outils juridiques préapprouvés qui obligent l'importateur de données à respecter des obligations spécifiques en matière de confidentialité. Les Règles d'Entreprise Contraignantes sont quant à elles des politiques internes destinées aux entreprises multinationales et doivent être approuvées par les autorités compétentes. Dans les deux cas, l'objectif est de garantir que les données bénéficient à l'étranger du même niveau de protection que dans leur pays d'origine.

La transparence envers les utilisateurs constitue une autre exigence fondamentale. De nombreuses lois sur la confidentialité imposent aux organisations d'expliquer clairement dans leurs politiques de confidentialité si les données personnelles sont stockées ou traitées à l'étranger, pourquoi cela est nécessaire et quelles protections ont été mises en place. Sans cette transparence, même des transferts parfaitement légaux peuvent nuire à la confiance des utilisateurs.

Pour rester conformes, les entreprises devraient cartographier tous les flux de données, identifier les situations dans lesquelles des transferts transfrontaliers se produisent, ainsi que les destinations concernées, et documenter la base juridique de chaque transfert. Elles devraient également effectuer des vérifications approfondies auprès de tous leurs fournisseurs et partenaires afin de s'assurer qu'ils respectent les normes applicables en matière de protection des données. En mettant en œuvre ces mesures, les organisations réduisent non seulement leurs risques juridiques, mais se positionnent également comme des gestionnaires responsables et dignes de confiance des informations personnelles dans un marché mondial.

L'histoire d'Evelyn

Evelyn dirigeait un service d'abonnement spécialisé dans la santé et le bien-être basé à Londres. Son entreprise proposait des plans nutritionnels personnalisés et expédiait des compléments alimentaires à des clients répartis dans plus de vingt pays. Lorsqu'elle lança son activité, elle se concentra principalement sur le marketing, la qualité des produits et la satisfaction de la clientèle, sans vraiment réfléchir à l'endroit où les données de ses clients étaient stockées.

Un jour, alors qu'elle préparait un partenariat avec une société de logistique basée aux États-Unis, son conseiller juridique lui posa une question simple :

« Où sont actuellement stockées toutes les données de vos clients ? »

Evelyn dut admettre qu'elle n'en était pas certaine. Son prestataire de paiement, sa plateforme de marketing par e-mail et son service de stockage de fichiers dans le cloud étaient tous hébergés par différents fournisseurs, dont certains étaient situés en dehors du Royaume-Uni et de l'Union européenne. C'est à ce moment-là qu'elle découvrit les règles strictes du RGPD concernant les transferts internationaux de données.

Son conseiller lui expliqua qu'en vertu du RGPD, les données personnelles ne pouvaient être transférées que vers des pays considérés comme offrant des protections adéquates ou moyennant des garanties particulières telles que les Clauses Contractuelles Types. Les États-Unis ne figuraient alors pas sur la liste des pays bénéficiant d'une décision d'adéquation, ce qui signifiait que chaque transfert vers ses partenaires américains nécessitait soit des CCT, soit un consentement explicite des clients. Cela impliquait de renégocier plusieurs contrats avec ses fournisseurs et d'ajouter des garanties juridiques afin de rester conforme.

Plus elle enquêtait, plus la situation lui paraissait complexe. Son logiciel d'analyse nutritionnelle était hébergé sur des serveurs situés en Australie, son outil d'automatisation marketing stockait les adresses e-mail de ses clients aux États-Unis, et son prestataire de sauvegarde de données utilisait des serveurs à Singapour. Chacun de ces services impliquait un transfert international distinct avec ses propres exigences de conformité.

Evelyn décida alors de cartographier l'ensemble de ses flux de données, depuis le moment où un client s'inscrivait jusqu'à tous les systèmes qui traitaient ses informations. Les résultats furent surprenants : elle identifia plus de quinze transferts internationaux distincts. Avec l'aide de son conseiller juridique, elle mit en place des Clauses Contractuelles Types lorsque cela était nécessaire, vérifia les certifications de sécurité de ses fournisseurs et ajouta une section claire dans sa politique de confidentialité expliquant les transferts de données et les protections associées.

Au départ, elle craignait que le fait d'informer ses clients que leurs données étaient traitées dans d'autres pays ne les effraie. Pourtant, l'effet fut exactement inverse. Les clients apprécièrent la transparence et les efforts déployés pour protéger leurs informations personnelles. Un abonné fidèle lui écrivit même :

« Il est rare de voir une entreprise être aussi transparente sur la destination de mes données. Cela me donne davantage confiance en vous. »

Un an plus tard, lorsqu'un concurrent européen fut sanctionné pour des transferts internationaux de données non conformes, le travail de conformité d'Evelyn porta ses fruits. Les autorités qui examinèrent ses procédures constatèrent que tout était en ordre. Elle fut même invitée à intervenir lors d'une conférence professionnelle consacrée à la protection mondiale des données.

Ce qui avait commencé comme un obstacle juridique intimidant s'était transformé en avantage marketing. Son entreprise était désormais reconnue non seulement pour ses produits de santé, mais aussi pour son respect de la vie privée des clients à travers le monde.

Chapitre 7 : Le Rôle des Autorités de Protection des Données et de l'Application des Lois

Les autorités de protection des données (APD) sont les organismes de régulation chargés de faire respecter les lois sur la confidentialité et la protection des données dans leurs juridictions respectives. Elles agissent à la fois comme organismes de surveillance et comme guides, veillant à ce que les organisations respectent les règles tout en sensibilisant le public à ses droits. Comprendre le rôle des APD est essentiel pour toute entreprise ou tout individu manipulant des informations personnelles, car ces organismes disposent du pouvoir d'enquêter sur les plaintes, de mener des audits, d'imposer des sanctions financières et, dans certains cas, de suspendre certaines activités commerciales.

Chaque juridiction possède sa propre autorité de protection des données ou un organisme équivalent. Dans le cadre du Règlement Général sur la Protection des Données (RGPD) de l'Union européenne, chaque État membre dispose de sa propre autorité de contrôle, comme la Commission Nationale de l'Informatique et des Libertés (CNIL) en France, l'Information Commissioner's Office (ICO) au Royaume-Uni avant le Brexit, ou encore le Bundesbeauftragte für den Datenschutz und die

Informationsfreiheit (BfDI) en Allemagne. Ces autorités disposent de pouvoirs étendus pour surveiller la conformité, enquêter sur les violations et imposer des sanctions administratives. Au Brésil, l'Autoridade Nacional de Proteção de Dados (ANPD) joue un rôle similaire, tandis qu'au Canada, cette responsabilité incombe au Commissariat à la protection de la vie privée du Canada (CPVP). Aux États-Unis, il n'existe pas d'autorité fédérale unique chargée de la protection des données, mais des organismes tels que la Federal Trade Commission (FTC) appliquent certaines règles relatives à la confidentialité aux côtés des procureurs généraux des États et des régulateurs sectoriels.

Les autorités de protection des données interviennent généralement à la suite de plaintes ou dans le cadre d'une surveillance proactive. Les individus peuvent déposer une plainte s'ils estiment que leurs droits en matière de confidentialité ont été violés, ce qui peut déclencher une enquête. Les APD peuvent également lancer leurs propres audits ou inspections, notamment lorsqu'elles soupçonnent une non-conformité systémique ou à la suite d'une violation majeure de données. Ces enquêtes peuvent inclure l'examen des politiques de confidentialité, des entretiens avec les employés et l'évaluation des mesures techniques de protection mises en place.

L'une des responsabilités essentielles des APD consiste à interpréter et clarifier les lois. Les réglementations relatives à la protection des données sont souvent rédigées de manière générale, laissant place à l'interprétation. Les APD publient donc des lignes directrices, des codes de bonnes pratiques et des recommandations afin d'aider les organisations à comprendre leurs obligations. Par exemple, le Comité Européen de la Protection des Données (CEPD) publie régulièrement des avis et des clarifications applicables dans l'ensemble des États membres de l'Union européenne.

Les pouvoirs d'application des APD varient selon les juridictions, mais peuvent inclure :

• L'émission d'avertissements ou de réprimandes

• L'obligation pour les organisations de modifier leurs pratiques

• L'interdiction temporaire ou permanente de certaines activités de traitement

• L'imposition de sanctions financières pouvant atteindre 20 millions d'euros ou 4 % du chiffre d'affaires mondial dans le cadre du RGPD

• La publication des détails des violations afin d'exposer publiquement les organisations non conformes

Dans de nombreux cas, les APD jouent également un rôle éducatif. Elles fournissent des ressources aux entreprises comme aux particuliers, organisent des campagnes de sensibilisation et proposent parfois des outils gratuits facilitant la conformité. Cette double mission — application de la loi et éducation — fait d'elles un élément central de l'efficacité des réglementations sur la confidentialité.

Pour les organisations, entretenir une relation constructive avec l'autorité de protection des données compétente peut être très bénéfique. Solliciter des conseils de manière proactive, signaler rapidement les violations de données et démontrer une réelle volonté de se conformer à la réglementation peuvent influencer la manière dont une APD aborde une affaire. De nombreuses autorités prennent en considération le caractère intentionnel ou non de la violation, son origine éventuelle dans une négligence ou une incompréhension, ainsi que les mesures correctives mises en œuvre par l'organisation.

Compte tenu de la nature mondiale des flux de données, les APD collaborent fréquemment au sein de réseaux internationaux. Le mécanisme de « guichet unique » prévu par le RGPD permet aux entreprises opérant dans plusieurs pays européens de traiter principalement avec une seule autorité chef de file. De même, des forums internationaux tels que l'Assemblée mondiale pour la protection de la vie privée

(Global Privacy Assembly – GPA) réunissent des régulateurs de différentes régions afin de coordonner leurs efforts de contrôle et d'application.

Pour assurer leur conformité, les organisations doivent savoir quelle autorité supervise leurs activités, comprendre les exigences de déclaration applicables et suivre attentivement les recommandations publiées. Maintenir des canaux de communication ouverts avec les régulateurs et rester informé des tendances en matière d'application des lois peut aider les entreprises à éviter des erreurs coûteuses. Dans un environnement où les réglementations sur la confidentialité continuent d'évoluer, les APD ne sont pas seulement des organismes de contrôle ; elles sont également des partenaires dans la construction d'une véritable culture de la protection des données.

L'histoire de Mateo et de son expérience avec la réglementation

Mateo possédait une entreprise de logiciels de taille moyenne à Madrid spécialisée dans le développement d'outils de gestion de la relation client (CRM) destinés aux petites entreprises. Sa plateforme stockait les coordonnées des clients, les historiques de ventes et même des notes concernant les préférences des consommateurs. Pendant des années, Mateo avait exercé son activité sans jamais avoir de contact direct avec les autorités de régulation. Il supposait que tant que ses systèmes restaient sécurisés, tout allait bien. Cette conviction fut remise en question le jour où il reçut une lettre de l'Agencia Española de Protección de Datos (AEPD), l'autorité espagnole de protection des données.

La lettre ne contenait pas d'amende, mais une demande d'informations. Un ancien client avait déposé une plainte affirmant que l'entreprise de Mateo avait refusé de supprimer ses données après la fermeture de son compte. L'AEPD souhaitait connaître les politiques de l'entreprise relatives aux demandes de suppression ainsi que les preuves démontrant que ces procédures avaient été correctement appliquées.

D'abord inquiet, Mateo contacta un avocat spécialisé dans la conformité au RGPD. Ensemble, ils préparèrent une réponse détaillée comprenant la politique de conservation des données de l'entreprise, les journaux de suppression et les échanges de courriels avec le plaignant. Au cours de ce processus, Mateo réalisa que, malgré les bonnes intentions de son équipe, celle-ci ne disposait pas de procédures formelles pour gérer ce type de demande, ce qui rendait plus difficile la démonstration de leur conformité.

L'AEPD conclut finalement qu'il n'y avait eu aucune faute intentionnelle. Toutefois, elle émit un avertissement et exigea que l'entreprise améliore ses procédures. Même si ce n'était pas le résultat espéré, Mateo y vit une leçon précieuse. Il mit en place un nouveau système capable de suivre automatiquement toutes les demandes de suppression et d'en confirmer l'exécution, avec horodatage et journaux d'audit complets.

Avec le temps, Mateo commença à considérer l'autorité de protection des données non plus comme un simple organisme de contrôle, mais comme une ressource utile. Il s'abonna à la lettre d'information de l'AEPD, participa à un webinaire consacré à la conformité au RGPD et alla même jusqu'à solliciter directement l'agence pour obtenir des éclaircissements sur les transferts internationaux de données. À sa grande surprise, il reçut rapidement des réponses pratiques et utiles.

Un an plus tard, lorsqu'une importante violation de sécurité toucha un concurrent du secteur des CRM, l'entreprise de Mateo était prête. Son équipe détecta une tentative d'intrusion, la bloqua immédiatement et signala l'incident à l'AEPD dans le délai légal de 72 heures. L'autorité salua leur réactivité et souligna les progrès réalisés en matière de conformité. Cette reconnaissance publique renforça la réputation de Mateo auprès de ses clients, dont beaucoup étaient de petites entreprises attachées à la sécurité et à la transparence.

Ce qui avait commencé comme une enquête stressante s'était transformé en une véritable relation de collaboration. Mateo comprit que le rôle d'une autorité de protection des données n'était pas de détruire les entreprises, mais de veiller à ce qu'elles respectent les droits fondamentaux des individus en matière de vie privée. En considérant le régulateur comme un partenaire plutôt qu'un adversaire, Mateo réussit à positionner son entreprise comme un acteur fiable et conforme au sein du marché technologique européen hautement concurrentiel.

Chapitre 8 : Comment les Entreprises Restent Conformes : Politiques, Formation et Audits

Maintenir la conformité aux lois sur la confidentialité numérique exige bien plus que la simple rédaction d'une politique de confidentialité en espérant que tout se passe bien. Il s'agit d'un processus continu qui implique l'élaboration de politiques internes claires, la formation des employés à leur application et la réalisation d'audits réguliers afin d'identifier et de corriger les éventuelles lacunes. Les entreprises qui considèrent la conformité comme une simple liste de vérification ponctuelle finissent souvent par ne plus respecter les exigences légales, notamment lorsque les réglementations évoluent. En revanche, celles qui l'intègrent à leur culture opérationnelle peuvent renforcer la confiance, réduire les risques juridiques et préserver une solide réputation sur le marché.

Le fondement de la conformité repose sur une politique de confidentialité complète — non seulement la version publique destinée aux clients, mais également les politiques internes qui définissent la manière dont les employés doivent traiter les données. Une bonne politique de confidentialité devrait préciser :

- Quelles données personnelles l'organisation collecte
- La base légale justifiant leur traitement
- Comment elles sont stockées et sécurisées
- Avec qui elles sont partagées
- Combien de temps elles sont conservées
- La procédure permettant de répondre aux demandes d'accès, de rectification et de suppression des données

Cette politique doit être régulièrement mise à jour et refléter les changements intervenus dans les activités de l'entreprise, les technologies utilisées ou les lois applicables.

La formation des employés est tout aussi importante. Même les mesures techniques les plus sophistiquées peuvent être compromises par une erreur humaine. Les courriels d'hameçonnage, les mots de passe faibles ou la mauvaise gestion des données sensibles peuvent tous entraîner des violations de données. Les programmes de formation devraient couvrir les principes fondamentaux de la protection des données, les lois pertinentes pour l'organisation et les procédures que les employés doivent suivre lorsqu'ils manipulent des informations personnelles. Une formation adaptée aux fonctions de chacun est souvent nécessaire. Par exemple, les équipes du service client doivent savoir comment répondre aux demandes relatives aux données personnelles, tandis que les équipes informatiques doivent maîtriser le chiffrement et les contrôles d'accès.

Les audits et évaluations constituent le niveau suivant de la conformité. Un audit de confidentialité examine les activités de traitement des données d'une organisation afin de vérifier leur conformité aux exigences légales et aux politiques internes. Cela implique souvent :

- La cartographie de tous les flux de données personnelles
- L'examen des mécanismes de consentement
- La vérification des contrats fournisseurs afin de s'assurer qu'ils contiennent les clauses de conformité appropriées
- Le test des mesures de sécurité
- La vérification du traitement rapide des demandes liées aux droits des personnes concernées

Les audits peuvent être réalisés en interne ou par des consultants externes et devraient être effectués régulièrement — au minimum une fois par an — ou chaque fois que des changements importants surviennent dans les opérations ou la réglementation.

La documentation est essentielle pour démontrer la conformité. De nombreuses lois, notamment le RGPD, exigent que les organisations soient en mesure de prouver qu'elles ont pris les mesures appropriées pour protéger les données personnelles. Conserver des registres des activités de traitement, des formations suivies par les employés, des exercices de simulation de gestion des incidents et des mises à jour des politiques peut faire toute la différence entre une résolution rapide et une enquête coûteuse.

La gestion des fournisseurs constitue également un domaine clé. De nombreuses organisations partagent des données avec des tiers — prestataires de paiement, agences marketing, fournisseurs de services cloud — qui agissent en tant que sous-traitants de données. Les entreprises doivent s'assurer que ces partenaires respectent les mêmes normes de confidentialité que celles qui leur sont imposées. Cela implique la signature de contrats contenant des clauses claires relatives à la protection des données, la réalisation d'une vérification préalable approfondie et l'évaluation périodique de la conformité des fournisseurs.

Enfin, la conformité n'est jamais statique. Les lois évoluent, de nouvelles réglementations apparaissent et la technologie change rapidement. Les entreprises devraient désigner une personne responsable — souvent un Délégué à la Protection des Données ou un responsable conformité — chargée de surveiller les évolutions réglementaires, de mettre à jour les politiques et de garantir la continuité de la formation. Considérer la protection de la vie privée comme un élément vivant et évolutif de la culture d'entreprise permet à celle-ci de s'adapter naturellement à sa croissance et à l'innovation.

En construisant un programme de conformité qui intègre les politiques, la formation et les audits dans les opérations quotidiennes, les organisations peuvent transformer ce qui pourrait sembler être une contrainte réglementaire en un véritable avantage concurrentiel. Les clients choisissent de plus en plus de travailler avec des entreprises capables de démontrer qu'elles prennent la protection de la vie privée au sérieux.

La formation obligatoire des employés chez Nina

Nina dirigeait une agence de réservation de voyages de taille moyenne basée à Singapour. Son entreprise connaissait une croissance rapide, proposant des vols, des réservations d'hôtels et des assurances voyage à des clients du monde entier. Avec cette croissance venait une complexité accrue : son entreprise traitait d'énormes quantités de données personnelles, allant des numéros de passeport aux informations de cartes bancaires. Elle savait que des lois sur la confidentialité existaient, mais elle supposait que, puisqu'elle utilisait des plateformes de réservation tierces réputées, la conformité relevait principalement de leur responsabilité.

Cette idée changea après sa participation à une conférence du secteur touristique. Lors d'une présentation, un intervenant décrivit les lourdes sanctions qu'une agence de voyages européenne avait subies pour ne pas avoir correctement sécurisé les données de ses clients. La violation n'avait pas été causée par des pirates informatiques, mais par un employé qui avait envoyé par erreur un fichier non chiffré contenant des milliers de dossiers clients à la mauvaise personne. Nina comprit alors que, quelle que soit la qualité de ses technologies de sécurité, les habitudes de son personnel pouvaient constituer une vulnérabilité majeure.

Déterminée à éviter une situation similaire, Nina décida de revoir entièrement les pratiques de confidentialité de son entreprise. Elle commença par élaborer une politique interne détaillée de protection des données. Celle-ci expliquait précisément quelles informations étaient collectées, comment elles étaient stockées, qui pouvait y accéder et quelles procédures devaient être suivies pour les supprimer de manière sécurisée. Elle veilla à ce que chaque département — des ventes au service client — dispose d'instructions spécifiques adaptées à ses responsabilités.

Ensuite, elle mit en place une formation obligatoire pour tous les employés. Plutôt que d'organiser une présentation monotone, elle collabora avec un consultant en cybersécurité afin de créer des sessions interactives. Les employés apprirent à reconnaître les tentatives d'hameçonnage, à utiliser des mots de passe robustes et à partager les documents sensibles de manière sécurisée. Des exercices de simulation reproduisant des demandes de données émanant de clients ou de régulateurs leur permirent également d'acquérir de l'assurance dans leurs réponses.

Afin de vérifier l'efficacité des nouvelles politiques, Nina planifia des audits trimestriels. Son équipe cartographia tous les flux de données, depuis la réservation d'un voyage par un client jusqu'à l'archivage ou la suppression de ses informations. Les contrats conclus avec les fournisseurs furent également examinés. Cette analyse révéla qu'un petit partenaire hôtelier ne disposait pas de mesures de sécurité suffisantes. Nina négocia alors de nouvelles conditions exigeant le chiffrement de toutes les données clients reçues.

Le processus ne fut pas toujours simple. Certains employés résistèrent aux changements, les considérant comme une charge de travail supplémentaire. Mais progressivement, la culture de l'entreprise évolua. Les collaborateurs commencèrent à repérer et signaler les problèmes potentiels avant qu'ils ne deviennent de véritables incidents. Lors d'un audit, un membre de l'équipe identifia un paramètre mal configuré dans le système de réservation qui aurait pu exposer des données clients. La correction immédiate de cette erreur permit d'éviter ce qui aurait pu devenir une violation majeure.

Six mois plus tard, l'engagement de Nina en faveur de la conformité produisit un résultat inattendu. Un client corporatif à la recherche d'une agence de voyages demanda spécifiquement des preuves démontrant l'existence de solides pratiques de protection des données. Nina fut en mesure de fournir des registres de formation, des rapports d'audit et des politiques détaillées, remportant ainsi le contrat face à des concurrents incapables d'offrir le même niveau de garantie.

Nina comprit alors que la conformité en matière de confidentialité ne consistait pas seulement à éviter des sanctions. Il s'agissait également de renforcer la confiance et le professionnalisme. En intégrant les politiques, la formation et les audits au cœur de son activité, elle transforma la protection des données d'une simple obligation administrative en un véritable argument commercial, garantissant ainsi à son entreprise d'être à la fois sécurisée et compétitive sur le marché mondial du voyage.

Chapitre 9 : Les Tendances Émergentes de la Réglementation Mondiale en Matière de Confidentialité

La confidentialité numérique n'est plus un sujet juridique de niche — elle est devenue une priorité politique mondiale. Au cours de la dernière décennie, les lois sur la protection de la vie privée sont passées de règles fragmentées et spécifiques à certains secteurs à des cadres réglementaires complets fondés sur les droits des individus, affectant pratiquement toutes les entreprises de l'économie numérique. Cette tendance ne montre aucun signe de ralentissement. Comprendre les évolutions émergentes de la réglementation mondiale en matière de confidentialité permet aux entreprises de se préparer aux changements avant qu'ils ne surviennent, plutôt que de devoir se conformer dans l'urgence après coup.

L'une des tendances les plus marquantes est la convergence vers des lois inspirées du RGPD. Le Règlement Général sur la Protection des Données de l'Union européenne est devenu le modèle de référence pour les législations sur la confidentialité à travers le monde. Des pays d'Amérique latine, d'Afrique, d'Asie et du Moyen-Orient adoptent des lois reposant sur des principes similaires, notamment l'obligation de disposer d'une base légale pour traiter les données, l'octroi de droits étendus aux individus et l'imposition de mesures strictes de responsabilité. Cela signifie que même si une entreprise n'opère pas actuellement dans l'Union européenne, elle peut être confrontée à des obligations comparables au RGPD dans d'autres marchés.

Une autre évolution importante est l'émergence de cadres régionaux de protection de la vie privée. La Convention de l'Union africaine sur la cybersécurité et la protection des données à caractère personnel, le Cadre de protection des données personnelles de l'ASEAN et le Cadre de confidentialité de la Coopération économique Asie-Pacifique (APEC) sont autant d'exemples d'efforts visant à harmoniser les réglementations entre plusieurs pays. Bien que ces cadres ne soient pas toujours juridiquement contraignants, ils encouragent une plus grande cohérence et facilitent les activités transfrontalières grâce à des stratégies de conformité unifiées.

Les réglementations spécifiques aux technologies connaissent également une forte progression. Les gouvernements reconnaissent désormais que certaines technologies présentent des risques particuliers pour la vie privée et nécessitent des règles adaptées. Les lois encadrant les données biométriques, les systèmes de reconnaissance faciale et l'intelligence artificielle deviennent de plus en plus courantes.

Le projet de règlement européen sur l'intelligence artificielle imposera, par exemple, des obligations de transparence et d'évaluation des risques pour les systèmes d'IA, tandis que plusieurs États américains envisagent ou ont déjà adopté des lois limitant l'utilisation de la reconnaissance faciale dans les espaces publics.

La protection de la vie privée des enfants se renforce également à l'échelle mondiale. Inspirées par la loi américaine COPPA (Children's Online Privacy Protection Act) et renforcées par les dispositions particulières du RGPD concernant les mineurs, de nombreuses juridictions imposent désormais des exigences plus strictes en matière de consentement et limitent la collecte de données concernant les utilisateurs en dessous d'un certain âge. Les entreprises proposant des produits ou services destinés aux enfants doivent être prêtes à vérifier l'âge des utilisateurs et à obtenir le consentement parental lorsque cela est nécessaire.

Une autre tendance émergente est l'intégration croissante entre les lois sur la confidentialité et celles relatives à la cybersécurité. Alors qu'elles étaient traditionnellement considérées comme deux domaines distincts, de nombreux gouvernements les perçoivent désormais comme étroitement liés. Les obligations de notification des violations de données deviennent une norme mondiale et certaines lois imposent des mesures de sécurité spécifiques dans le cadre même de la conformité à la protection des données. Cette convergence signifie que les entreprises doivent coordonner leurs stratégies de confidentialité et de cybersécurité.

L'application des lois évolue également. Les régulateurs coopèrent de plus en plus au-delà des frontières, partagent des informations et lancent des enquêtes conjointes. La tendance à l'augmentation des sanctions est évidente : les amendes liées aux violations de la confidentialité deviennent plus fréquentes et plus importantes, tandis que les autorités montrent une tolérance de plus en plus faible envers les récidivistes. Par ailleurs, certaines lois accordent désormais aux individus le droit d'intenter directement une action en justice contre les organisations responsables d'atteintes à la vie privée, augmentant ainsi les risques juridiques et financiers.

Enfin, l'accent est de plus en plus mis sur les pratiques éthiques en matière de données. Les consommateurs sont davantage conscients de l'utilisation de leurs informations personnelles et récompensent les entreprises qui vont au-delà de la simple conformité légale pour adopter des principes de transparence, d'équité et de minimisation des données. Les entreprises qui appliquent une approche de « protection de la vie privée dès la conception » (Privacy by Design), en intégrant la confidentialité à chaque étape du développement de leurs produits et services, sont plus susceptibles de gagner la confiance et la fidélité de leurs utilisateurs sur le long terme.

Pour les organisations, rester en avance sur ces tendances nécessite une surveillance continue des évolutions réglementaires mondiales, l'adoption de cadres de conformité flexibles et la priorisation de pratiques éthiques de gestion des données. Celles qui considèrent la confidentialité comme un avantage concurrentiel plutôt que comme une simple obligation juridique seront mieux positionnées pour prospérer dans un paysage numérique en constante évolution.

Passons maintenant à l'histoire de Ravi.

Ravi dirigeait une petite entreprise ambitieuse de développement d'applications mobiles à Mumbai. Son application phare, une plateforme de suivi de la condition physique, connaissait une croissance rapide et attirait des utilisateurs non seulement en Inde, mais également en Europe, en Amérique du Nord et en Asie du Sud-Est. Au départ, il se concentrait principalement sur les fonctionnalités et l'expérience utilisateur. Mais à mesure que sa base d'utilisateurs s'élargissait, la complexité des lois sur la confidentialité auxquelles il devait se conformer augmentait elle aussi.

Un jour, il reçut une proposition de partenariat d'une importante marque singapourienne spécialisée dans la santé et le bien-être. Cet accord pouvait transformer son entreprise, mais l'équipe juridique du partenaire lui soumit une longue liste de questions relatives à la conformité en matière de confidentialité. Elle souhaitait savoir comment son application gérait les données biométriques, s'il disposait de procédures permettant de supprimer les données des utilisateurs à leur demande et s'il respectait les exigences du RGPD pour ses utilisateurs européens. Ravi réalisa alors que, même si son application possédait quelques paramètres de confidentialité de base, elle n'avait pas été conçue en tenant compte des réglementations mondiales.

Il commença à effectuer des recherches et découvrit que les lois sur la confidentialité évoluaient rapidement dans de nombreuses régions du monde. En Asie du Sud-Est, le Cadre de protection des données personnelles de l'ASEAN influençait les législations nationales. Dans l'Union européenne, le RGPD imposait des exigences strictes concernant le traitement des données de santé sensibles. En Californie, le CCPA accordait aux utilisateurs le droit de refuser certains partages de données. En Inde, un projet de loi sur la protection des données personnelles était en préparation et devait s'aligner étroitement sur les normes internationales.

Ravi décida alors d'adopter une approche de protection de la vie privée dès la conception pour son application. Avec son équipe de développement, il réduisit au minimum la collecte de données, ne conservant que les informations strictement nécessaires au fonctionnement principal de l'application. Ils ajoutèrent également des contrôles de confidentialité détaillés permettant aux utilisateurs d'accepter ou de refuser individuellement certaines fonctionnalités de traitement des données. Pour les données biométriques, telles que le rythme cardiaque ou le nombre de pas effectués, ils mirent en place un chiffrement robuste et exigèrent un consentement explicite avant toute collecte.

Il commença également à surveiller de près les réglementations spécifiques aux nouvelles technologies. Comme son application utilisait des analyses alimentées par l'intelligence artificielle afin de suggérer des programmes d'entraînement personnalisés, il suivit avec attention l'évolution du projet européen de règlement sur l'intelligence artificielle. Il comprit rapidement que la conformité à ces futures règles pourrait devenir un argument commercial majeur, notamment à une époque où les utilisateurs se montraient de plus en plus prudents quant à la manière dont l'IA traitait leurs données.

Ces changements portèrent rapidement leurs fruits. Lorsque l'équipe juridique de la marque singapourienne examina ses nouvelles politiques de confidentialité et ses mesures de sécurité renforcées, elle fut impressionnée. Non seulement le partenariat fut signé, mais la marque présenta également son application comme un exemple de bonnes pratiques en matière de gestion responsable des données.

Un an plus tard, l'approche proactive de Ravi concernant les tendances émergentes en matière de confidentialité lui ouvrit encore davantage de portes. Un établissement d'enseignement en Australie adopta son application dans le cadre d'un programme de remise en forme destiné aux étudiants, citant ses solides fonctionnalités de protection de la vie privée comme principal facteur de décision.

Ravi comprit alors qu'en restant à l'avant-garde des évolutions réglementaires, il avait transformé ce qui aurait pu être un défi juridique complexe en un véritable avantage concurrentiel.

Chapitre 10 : L'Avenir de la Confidentialité Numérique : Se Préparer à Ce Qui Nous Attend

L'avenir de la confidentialité numérique sera façonné par l'innovation technologique rapide, l'évolution des attentes des consommateurs et une réglementation mondiale de plus en plus coordonnée. Bien que le paysage actuel soit déjà complexe, la prochaine décennie promet des changements encore plus profonds. Les organisations qui anticipent ces évolutions et s'y préparent à l'avance seront bien mieux positionnées que celles qui ne réagissent qu'une fois les nouvelles lois appliquées.

L'un des principaux moteurs de changement en matière de confidentialité est l'émergence de nouvelles technologies. L'intelligence artificielle, la blockchain, l'informatique quantique et l'Internet des Objets (IoT) créent de nouvelles façons de collecter, stocker et analyser les données personnelles. L'intelligence artificielle peut déduire des informations extrêmement personnelles à partir de données qui semblent anodines. Les appareils connectés peuvent collecter en continu des informations issues des activités quotidiennes. Quant à la blockchain, bien qu'elle offre une grande transparence, elle pose des défis particuliers concernant le droit à l'effacement en raison de son caractère immuable. L'informatique quantique pourrait un jour rendre obsolètes les normes actuelles de chiffrement, nécessitant le développement de protocoles de sécurité entièrement nouveaux.

Les lois sur la confidentialité devront s'adapter rapidement à ces technologies. On peut s'attendre à voir apparaître des règles spécifiques à l'intelligence artificielle portant sur la transparence et la responsabilité, des restrictions renforcées concernant les données biométriques et génétiques, ainsi que des réglementations sectorielles visant des domaines tels que la santé, la finance et l'éducation. Le règlement européen sur l'intelligence artificielle pourrait, par exemple, servir de modèle pour l'encadrement des systèmes d'IA à haut risque en imposant des évaluations des risques, une supervision humaine et des explications claires des décisions algorithmiques.

Une autre tendance majeure est l'autonomisation des consommateurs. À mesure que les individus prennent conscience de la manière dont leurs données sont utilisées, ils exigeront davantage de contrôle et de transparence. Cela conduira probablement à l'élargissement des droits des personnes concernées, notamment la possibilité de savoir précisément quels algorithmes traitent leurs données, de demander des explications sur les décisions automatisées et de transférer facilement leurs informations d'un fournisseur de services à un autre. Les entreprises qui rendront ces contrôles simples et intuitifs bénéficieront d'un avantage concurrentiel.

La réglementation mondiale en matière de confidentialité évolue également vers une plus grande harmonisation. Aujourd'hui, les règles varient encore considérablement d'un pays à l'autre, mais la pression en faveur de cadres standardisés s'intensifie afin de simplifier la conformité transfrontalière. Des organisations comme l'OCDE, l'Assemblée mondiale pour la protection de la vie privée et divers accords commerciaux internationaux encouragent l'adoption de règles plus cohérentes permettant de faciliter les activités internationales tout en protégeant les droits des individus.

Par ailleurs, la confidentialité sera de plus en plus liée aux notions d'éthique et de durabilité. Les consommateurs et les investisseurs commencent à évaluer les entreprises non seulement sur leurs performances environnementales et sociales, mais aussi sur leur manière de gérer les données personnelles. Les « évaluations de confidentialité » pourraient devenir aussi courantes que les critères ESG (Environnement, Social et Gouvernance), influençant les décisions d'achat et les investissements.

Pour les entreprises, se préparer à l'avenir signifie intégrer la protection de la vie privée dès la conception dans chaque étape de leurs opérations, investir dans des cadres de conformité flexibles et surveiller continuellement l'évolution des lois et des technologies. Cela implique également de repenser leur stratégie de gestion des données : ne collecter que les informations réellement nécessaires, les protéger à l'aide des outils les plus avancés disponibles et faire preuve d'une transparence totale quant à leur utilisation.

Les organisations qui réussiront dans cette nouvelle ère de la confidentialité ne se contenteront pas de respecter la réglementation ; elles feront de la protection de la vie privée un élément fondamental de leur identité de marque. Dans un monde où la confiance devient une ressource rare, la réputation d'une entreprise en matière de protection des informations personnelles pourrait constituer l'un de ses actifs les plus précieux.

L'histoire de Leila et de sa préparation à l'avenir de la confidentialité

Leila dirigeait une jeune entreprise fintech en pleine croissance à Dubaï proposant un portefeuille numérique et une application de gestion des finances personnelles. L'application s'intégrait aux banques, aux prestataires de paiement et aux plateformes de commerce électronique, offrant ainsi une grande commodité aux utilisateurs — mais représentant également une véritable mine d'informations personnelles et financières.

À mesure que son entreprise se développait à l'international, Leila suivait de près les réglementations sur la confidentialité dans différentes régions du monde. Cependant, une question revenait sans cesse à son esprit : à quoi ressemblera la protection de la vie privée dans cinq ou dix ans ? Elle décida alors d'aller au-delà de la conformité actuelle et de préparer son entreprise aux évolutions futures.

Sa première démarche fut d'évaluer l'impact des technologies émergentes sur son activité. Les analyses alimentées par l'intelligence artificielle de son application permettaient de prédire les habitudes de dépenses et de proposer des stratégies d'épargne personnalisées. Mais Leila comprit que ces fonctionnalités pourraient un jour être soumises à des obligations de transparence spécifiques à l'IA. Elle commença donc à documenter le fonctionnement de ses algorithmes et les raisons justifiant certaines recommandations, anticipant que les autorités de régulation finiraient par exiger ce type d'informations.

Elle réfléchit également à l'Internet des Objets. Avec la

popularité croissante des montres connectées et autres appareils intelligents, son application pourrait un jour se connecter à des assistants domestiques, des véhicules connectés ou des objets portables afin de fournir des conseils budgétaires en temps réel. Bien que cette perspective soit enthousiasmante, elle impliquait également la gestion de données beaucoup plus détaillées — allant de la géolocalisation aux commandes vocales — qui pourraient être soumises à des règles de confidentialité plus strictes.

Leila travailla avec son équipe de développement afin d'adopter une approche de protection de la vie privée dès la conception pour chaque nouvelle fonctionnalité. Ils réduisirent la collecte de données au strict nécessaire, intégrèrent un chiffrement robuste dans l'ensemble des systèmes et conçurent des paramètres de confidentialité faciles à comprendre pour les utilisateurs. Elle investit également dans des solutions avancées de cybersécurité, notamment dans la recherche sur le chiffrement post-quantique, consciente que l'informatique quantique pourrait un jour rendre les méthodes de chiffrement actuelles inefficaces.

Sa vision à long terme porta ses fruits plus rapidement que prévu. Deux ans plus tard, une nouvelle réglementation régionale imposa aux applications financières de fournir une transparence sur leurs algorithmes et d'offrir aux utilisateurs la possibilité de refuser les décisions automatisées. Grâce au travail préparatoire de son équipe, toutes ces fonctionnalités étaient déjà intégrées. Son entreprise fut donc conforme dès le premier jour, tandis que de nombreux concurrents se précipitaient pour adapter leurs systèmes.

Au-delà de la conformité réglementaire, Leila fit de la confiance une valeur centrale de sa marque. Elle lança une campagne intitulée « Notre Promesse de Confidentialité », expliquant clairement aux utilisateurs comment leurs données étaient utilisées et pourquoi certaines informations étaient collectées. Les réactions furent extrêmement positives. De nombreux clients déclarèrent avoir choisi son application précisément en raison de cette transparence.

En anticipant l'avenir de la confidentialité plutôt qu'en réagissant aux changements une fois ceux-ci imposés, Leila positionna son entreprise comme un leader des pratiques responsables en matière de données. Dans un secteur où la confiance faisait souvent défaut, elle transforma la protection de la vie privée en un puissant avantage concurrentiel et s'assura ainsi que son entreprise était prête à relever tous les défis futurs dans le monde en constante évolution de la confidentialité numérique.

la possibilité de refuser les décisions automatisées. Grâce au travail préparatoire de son équipe, toutes ces fonctionnalités étaient déjà intégrées. Son entreprise fut donc conforme dès le premier jour, tandis que de nombreux concurrents se précipitaient pour adapter leurs systèmes.

Au-delà de la conformité réglementaire, Leila fit de la confiance une valeur centrale de sa marque. Elle lança une campagne intitulée « Notre Promesse de Confidentialité », expliquant clairement aux utilisateurs comment leurs données étaient utilisées et pourquoi certaines informations étaient collectées. Les réactions furent extrêmement positives. De nombreux clients déclarèrent avoir choisi son application précisément en raison de cette transparence.

En anticipant l'avenir de la confidentialité plutôt qu'en réagissant aux changements une fois ceux-ci imposés, Leila positionna son entreprise comme un leader des pratiques responsables en matière de données. Dans un secteur où la confiance faisait souvent défaut, elle transforma la protection de la vie privée en un puissant avantage concurrentiel et s'assura ainsi que son entreprise était prête à relever tous les défis futurs dans le monde en constante évolution de la confidentialité numérique.

Chapitre 11 : Construire une Culture Axée sur la Protection de la Vie Privée au Sein des Organisations

Une culture axée sur la protection de la vie privée va bien au-delà de la simple conformité réglementaire : elle fait de la protection des données une valeur fondamentale de l'organisation. Bien que des lois comme le RGPD, le CCPA, la LGPD et la LPRPDE établissent des normes minimales, les entreprises qui considèrent la confidentialité comme une partie intégrante de leur identité bénéficient d'un avantage concurrentiel significatif. Une culture centrée sur la confidentialité garantit que chaque employé, des dirigeants aux collaborateurs débutants, comprend l'importance de protéger les informations personnelles et intègre cette responsabilité dans son travail quotidien.

Le fondement d'une telle culture commence par l'engagement de la direction. Les dirigeants doivent montrer l'exemple en accordant la priorité à la confidentialité dans leurs décisions et dans l'allocation des ressources. Cela comprend le financement des initiatives de protection des données, le soutien à la formation continue et la garantie que les délégués à la protection des données ou les équipes de conformité disposent de l'autorité nécessaire pour appliquer les politiques internes. Sans l'adhésion de la direction, les programmes de confidentialité restent souvent superficiels et n'existent que sur le papier.

L'autonomisation des employés constitue le deuxième pilier essentiel. Tous les membres du personnel doivent comprendre la valeur des données personnelles, reconnaître les risques potentiels et se sentir responsables de leur protection. Cela nécessite des formations régulières adaptées à chaque fonction. Par exemple, les équipes marketing doivent maîtriser les règles relatives au consentement, les équipes du service client doivent savoir comment répondre aux demandes liées aux données personnelles, et les équipes informatiques doivent exceller dans la gestion sécurisée des données. Les formations doivent être pratiques, interactives et régulièrement mises à jour afin de refléter les nouvelles lois et les nouvelles menaces.

La protection de la vie privée dès la conception et par défaut doit être intégrée à chaque projet et produit. Cela signifie prendre en compte la confidentialité dès le départ — et non comme une réflexion tardive — et configurer les systèmes selon les paramètres les plus protecteurs possibles par défaut. Par exemple, une nouvelle fonctionnalité d'application devrait collecter uniquement les données strictement nécessaires et exiger un consentement explicite pour tout traitement supplémentaire. Ce principe garantit que la protection de la vie privée est intégrée à l'architecture même de l'entreprise.

Créer une culture axée sur la confidentialité signifie également encourager la transparence. Les clients doivent être clairement informés des données collectées, des raisons de cette collecte et de la manière dont elles sont utilisées. En interne, les employés doivent comprendre les flux de données de l'entreprise, les mesures de sécurité mises en place et les procédures de réponse aux incidents. La transparence favorise la confiance et réduit les risques de malentendus susceptibles d'entraîner des plaintes ou des enquêtes réglementaires.

Les mécanismes de responsabilisation sont également indispensables. Des audits réguliers de confidentialité, des canaux de signalement clairement définis pour les violations potentielles et des processus documentés de gestion des données garantissent que la protection de la vie privée ne dépend pas du hasard. Reconnaître et récompenser les employés qui identifient des risques ou proposent des améliorations contribue à renforcer les comportements positifs.

Enfin, une culture centrée sur la confidentialité doit favoriser l'amélioration continue. Les lois évolueront, de nouvelles technologies apparaîtront et les attentes des clients changeront. Les entreprises doivent rester adaptables, en utilisant les retours des employés, des clients et des régulateurs afin d'améliorer constamment leurs pratiques.

En intégrant la confidentialité dans l'ADN même de l'organisation, les entreprises se conforment non seulement aux lois actuelles, mais se protègent également contre les risques futurs. Plus important encore, elles démontrent à leurs clients et partenaires qu'elles sont dignes de confiance dans un monde de plus en plus guidé par les données.

L'histoire de Jasmine

Jasmine était la directrice générale d'une plateforme d'enseignement en ligne en pleine croissance basée à Melbourne. Son entreprise proposait des cours vidéo, des quiz et des forums communautaires à des étudiants répartis dans plus de trente pays. À mesure que la plateforme se développait, elle remarqua une augmentation des questions relatives à la confidentialité dans les demandes adressées au service client. Certains étudiants souhaitaient savoir comment leurs données de progression étaient stockées, tandis que d'autres demandaient si leurs publications sur les forums étaient visibles par des personnes extérieures.

Au départ, Jasmine pensait qu'il s'agissait de préoccupations isolées. Mais après avoir lu l'histoire d'un concurrent confronté à une crise de réputation à la suite d'une violation de données, elle comprit que la confiance devenait un facteur de différenciation majeur dans le secteur de l'apprentissage en ligne. Elle décida alors de faire de la confidentialité une valeur fondamentale de son entreprise, et non simplement une obligation légale.

Elle commença par son équipe de direction. Lors d'une réunion stratégique, Jasmine déclara que la protection de la vie privée serait désormais aussi importante que la qualité des produits et le service client. Elle alloua une partie du budget à l'embauche d'un Délégué à la Protection des Données dédié et autorisa la mise en place de formations à la confidentialité pour l'ensemble des employés. Le message était clair : la confidentialité n'était pas facultative, elle faisait partie intégrante de leur mission.

Elle se concentra ensuite sur l'autonomisation des employés. Au lieu de simplement diffuser un document de politique interne, elle organisa des ateliers interactifs. Les développeurs apprirent à intégrer la protection de la vie privée dès la conception en limitant la collecte de données et en sécurisant les fichiers téléchargés par les utilisateurs. Les équipes marketing s'exercèrent à rédiger des demandes de consentement dans un langage simple et accessible. Les agents du service client participèrent à des simulations de demandes de suppression de données conformément au RGPD.

Jasmine mit également en œuvre le principe de confidentialité par défaut dans la conception des produits. Chaque nouvelle fonctionnalité était examinée par le Délégué à la Protection des Données avant son lancement afin de garantir qu'elle ne collectait que les informations strictement nécessaires. Par exemple, lors de l'ajout d'un service de transcription vidéo, l'entreprise décida de ne pas conserver les fichiers audio bruts plus longtemps que nécessaire, réduisant ainsi les risques.

La transparence devint l'un des piliers de sa marque. La politique de confidentialité fut réécrite dans un langage clair et compréhensible, et la plateforme intégra un tableau de bord permettant aux étudiants de consulter les données collectées, de les télécharger ou d'en demander la suppression en un seul clic. Cette initiative permit non seulement de satisfaire aux exigences réglementaires, mais aussi de renforcer la confiance des utilisateurs.

Au fil du temps, Jasmine observa un véritable changement culturel. Les employés commencèrent à soulever spontanément des questions liées à la confidentialité lors des réunions. Un développeur suggéra d'anonymiser certaines données analytiques afin de réduire les risques de réidentification. Un autre proposa d'ajouter une foire aux questions sur la confidentialité dans le processus d'intégration des nouveaux étudiants.

Un an plus tard, lorsque l'entreprise répondit à un appel d'offres gouvernemental important pour fournir des formations en ligne, sa forte culture de protection de la vie privée devint un facteur déterminant dans l'obtention du contrat. Les évaluateurs soulignèrent que l'entreprise ne se contentait pas de respecter les normes de conformité : elle les dépassait largement. L'engagement de Jasmine envers une culture axée sur la confidentialité avait transformé son entreprise, renforcé la confiance des clients et positionné sa plateforme comme une référence dans le domaine de l'éducation numérique responsable.

La Confidentialité : Un Engagement Pour Toute la Vie

Dans un monde numérique en constante évolution, la confidentialité n'est plus un luxe — elle est devenue une attente fondamentale. Depuis les débuts d'Internet, où les informations personnelles étaient partagées avec insouciance, jusqu'à l'environnement hyperconnecté d'aujourd'hui où chaque clic, chaque balayage d'écran et chaque recherche peut être enregistré, l'importance de la protection des données personnelles n'a cessé de croître. Les enseignements présentés dans ce livre ne doivent pas être considérés comme une simple liste de contrôle à suivre pour « réussir » un audit de conformité ; ils constituent les bases d'un engagement durable envers le respect et la protection de la vie privée des personnes que vous servez.

Le chemin vers de solides pratiques de confidentialité commence par la sensibilisation. Comprendre le patchwork mondial des réglementations — du RGPD en Europe au CCPA en Californie, de la LGPD au Brésil à la LPRPDE au Canada, sans oublier les réglementations émergentes en Afrique, en Asie et au Moyen-Orient — constitue la première étape. Mais la conformité ne consiste pas uniquement à connaître les règles ; elle consiste à les intégrer profondément dans l'ADN de l'organisation. Cela exige un changement de mentalité : passer d'une vision de la confidentialité comme obstacle juridique à une approche qui la considère comme un avantage concurrentiel et une responsabilité morale.

La technologie continuera d'évoluer d'une manière qui mettra à l'épreuve les cadres réglementaires existants. L'intelligence artificielle deviendra plus prédictive, la blockchain étendra l'utilisation des registres immuables et l'informatique quantique repoussera les limites des standards actuels de chiffrement. Les lois sur la confidentialité évolueront elles aussi, mais l'innovation avance souvent plus vite que la réglementation. Les organisations qui anticipent ces changements, s'y préparent à l'avance et restent adaptables seront celles qui prospéreront.

Une approche axée sur la confidentialité concerne également les relations humaines. Chaque personne qui confie ses données — qu'il s'agisse d'un client, d'un employé, d'un étudiant, d'un patient ou d'un citoyen — accorde sa confiance à l'organisation qui les collecte. Rompre cette confiance peut avoir des conséquences durables, tant sur le plan financier que réputationnel. À l'inverse, la préserver peut conduire à une fidélité accrue, à des partenariats plus solides et à une croissance durable.

La responsabilité de la protection de la vie privée ne repose pas uniquement sur les gouvernements ou les grandes entreprises. Les petites entreprises, les start-ups et les professionnels indépendants ont également un rôle essentiel à jouer. En réalité, les organisations de plus petite taille disposent souvent de l'agilité nécessaire pour mettre en œuvre rapidement des pratiques exemplaires et s'en servir comme argument différenciateur face à des concurrents plus lents à s'adapter.

Les stratégies de confidentialité les plus efficaces reposent sur trois piliers fondamentaux : la transparence, la sécurité et la responsabilité. La transparence consiste à expliquer clairement et honnêtement ce que vous faites des données personnelles. La sécurité implique la mise en œuvre de mesures de protection proportionnelles à la sensibilité des informations traitées. La responsabilité signifie être capable de démontrer à tout moment que vous respectez vos engagements — non seulement parce que la loi l'exige, mais parce que c'est la bonne chose à faire.

En refermant ce livre, souvenez-vous que la confidentialité n'est pas un objectif statique à atteindre une fois pour toutes, mais un processus vivant et continu. Les lois évolueront. La technologie changera. Votre organisation se transformera. Mais les principes présentés ici — respecter les données personnelles, limiter les collectes inutiles, les protéger contre les menaces et respecter les droits des individus — demeureront intemporels. En faisant de ces principes une partie permanente de votre éthique personnelle et professionnelle, vous ne protégez pas seulement des informations ; vous préservez également la dignité humaine qui se trouve au cœur de l'ère numérique.

www.ingramcontent.com/pod-product-compliance
Lightning Source LLC
LaVergne TN
LVHW040521210926
848480LV00007BA/1541